テムズとともに

英国の二年間

徳仁親王

紀伊國屋書店

シェトランド諸島
オークニー諸島
ネス湖
アバディーン
フォート・ウィリアム
ベン・ネヴィス山
スコットランド
パース
エディンバラ
グラスゴー
ニューカッスル・アポン・タイン
ダラム
北アイルランド
スカーフェル・パイク山
レイク・ディストリクト
ランカスター
ヨーク
マン島
ブラッドフォード
リバプール
マンチェスター
リンカン
チェスター
イングランド
ノーリッジ
スノードン山
アイアン・ブリッジ
ピーターバラ
バーミンガム
ケンブリッジ
ストラットフォード・アポン・エイボン
イースト・アングリア
ノーザンプトン
ウェールズ
ウスター
オックスフォード
グロースター
ロンドン
ニュー・ポート
サイレンセスター
テムズ川
カーディフ
ブリストル
レディング
カンタベリー
セバン川
ソールズベリー平原
ドーバー
ドーバー海峡
ウィンチェスター
ソールズベリー
ポーツマス
ブライトン
ヘイスティングス
コーン
ドーチェスター
ウォール半島
ワイト島
トルーロー
0
100km
チャネル諸島

ザ・フィーニックス
ウッドストック
バンバリー
サマヴィル
キーブル
オックスフォード運河
セント・ジョンズ
アシュモリアン
博物館
ベイリオル
トリニ
ウスター
プレイ・
ハウス
ABCシネマ
ブロード
駅
アポロ劇場
エ
ジーザス
コーンマーケット
フィッシャー・
ロー
ナフィールド
城
カーファックス
カウンティー・
ホール
クイーン
タウン・ホー
刑務所
市図書館
ペンブロック
セント・オルデイツ
テムズ川
0
100m
400ft
N
フォ
ブ

ハイ・ストリートに沿うコレッジ群
セント・メアリー教会から
モードレン・コレッジ方面を望む

オックスフォード点描

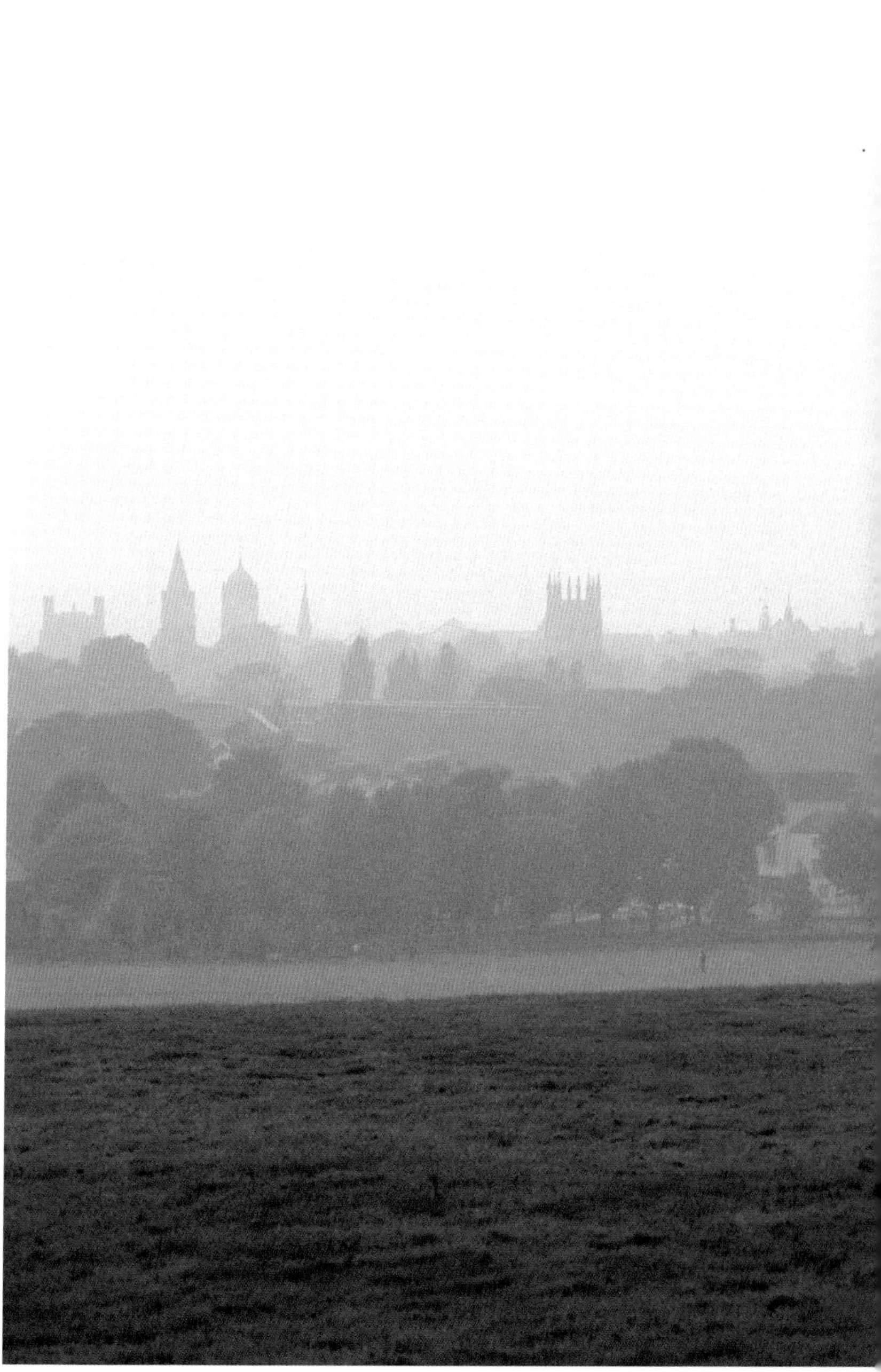

オックスフォード全景　ドリーミング・スパイアーズ

上・マートン・コレッジ　雪のフロント・クオッド
下・マートン・コレッジ　ミドル・コモン・ルーム

上・オール・ソウルズ・コレッジ
下・マートン・コレッジ　セント・オーバンス・クオッド 右翼の三階正面が私の部屋

上・オックスフォードを流れるテムズ川
道の左側はクライスト・チャーチ・メドーに続いている
下・クライスト・チャーチ・メドー

テムズ川上流 リッチレード付近

口絵風景写真：著者撮影

上・ハイフィールド先生（中央）とともに　下・マートンの仲間たちと

テムズとともに

英国の二年間

はじめに

　私がオックスフォードに滞在したのは、一九八三年の六月末から八五年の十月初旬にいたる二年四カ月間であった。その間、とても一口では表現できない数々の経験を積むことができた。私がオックスフォードを離れてからすでに七年を経過した今も、それらは常に青春の貴重な思い出として、時間、空間を超えて鮮やかによみがえってくる。その多くが今日の私の生き方にどれだけプラスになっているかは、いうまでもない。

　ところで、オックスフォード大学留学中に私の指導教授であったピーター・マサイアス博士は、名著『最初の工業国家』（小松芳喬監訳、日本評論社）の日本語版への序文で、「わたくしは、*The First Industrial Nation* の新版へのこの序文を、日本の読者から見れば地球の裏側でしたためている」と記したが、私もまた、二年間にわたるオックスフォードでの思い出を、今、彼の地から見れば地球の裏側に当たる東京で書き進めている。

この文章を書きながら私の脳裏を去来するのは、オックスフォードでの楽しい学生生活である。オックスフォード大学のように長い歴史に裏づけられ、様々な顔を持つ大学の全貌を、二年間という限られた滞在だけで知り尽くすのは不可能である。しかし、私がこの短期間のうちにオックスフォードで得たものは計り知れない。この本を通して、あくまでも一個人の経験の範囲内から見た姿ではあるが、私が彼の地で何を見、何を行い、何を考えたのか少しでも理解していただければ幸いである。

私は本書を二年間の滞在を可能にしてくれた私の両親に捧げたい。両親の協力なくしては、これから書き記す、今にしてみれば夢のような充実した留学生活は、実現しなかったと思われるからである。

一九九二年　冬

目次

はじめに　3

1　大使公邸での十二日間　9
ロンドン到着　9／公邸での日々　10／
オックスフォード初訪問　13／テムズ中流域の旅　15

2　ホール邸での生活　17
ホール邸へ移る　17／英語研修　19／ホール邸での日々　24／
オックスフォード再訪とマサイアス邸訪問　29／スコットランドへの旅行　32／
ホール邸最後の一カ月　35

3　オックスフォード大学入学　39
マートン・コレッジへ入る　39／入学式まで　43／入学式　47

4　オックスフォードについて　51

ドリーミング・スパイアーズ 51／タウンとガウン 53／コレッジ制度 56／
オックスフォードにおける教育および諸行事 61／マートン・コレッジについて 65

5 オックスフォードでの日常生活 73
午前中の過ごしよう 73／ミドル・コモン・ルーム 76／買物と国民性 80／
すきま風と風呂の話 84／夕食 85／ハイ・テーブル 89／週末の過ごし方 94／
家族の訪問 97／オックスフォードの学生とともに 100

6 オックスフォードでの芸術活動 113
映画、演劇、音楽鑑賞 113／室内楽の楽しみ 119／音楽家ゆかりの場所を訪ねる 125

7 スポーツ 131
ボート 131／テニスとスカッシュ 133／ジョギング、登山、スキーその他 142

8 オックスフォードにおける研究生活 149
なぜテムズ川の交通史を研究するにいたったか 149／マサイアス先生と 152／

文書館をめぐる　166／ハイフィールド先生と　171／研究論文をまとめる　182／
運河のその後と運河の未来　187

9　英国内外の旅　189

イギリス国内　189／ヨーロッパ諸国を回る　198

終章　二年間を振り返って　201

私の見たイギリスの人々　201／離英を前にして　206

あとがき　211
復刊に寄せて　215
参考文献　219

1　大使公邸での十二日間

ロンドン到着

一九八三年六月二十一日、私は夜の明けやらぬロンドン・ヒースロー空港に降り立った。緊張と眠気のせいか、機内から見たロンドンの景色はあまり覚えていない。これからの二年間を過ごす異国の空気は、どんよりとした曇り空の下で夏とはいえ意外に冷たい。平原駐英大使、エリオット英外務省極東部長や日航ロンドン支店に勤めている従兄弟の壬生《みぶ》基博氏らに迎えていただき、空港内の部屋で待つことしばし、車でこれから先約十日間の滞在場所となる日本大使公邸へと向かった。

私にとってロンドンは初めての地ではなかった。一九七六年のベルギー、スペイン訪問の帰途、短時間ではあったが立ち寄ったことがある。飛行機の乗り継ぎの関係もあり、市内を巡る時間は少なく、その時のロンドンの思い出はウィンザー城とそのそばを流れるテムズ川と最寄りのレストランで食べたロースト・ビーフに限られる。ウィンザー城には感心したが、テムズ川とロースト・ビーフの味はさほどよい印象ではなかった。古い造りの橋を渡りながら眼下に眺めたテムズ川はゴミの浮く少々汚れた川という記憶が強く、ロースト・ビーフはシンプルな味という以外は取り立てて印象に残らなかった。

それから七年、今、心地よい車の震動に身をゆだねながら、私は自分の前に二年間という、かつてまったく経験したことのない長さの外国生活、未知でいて心躍るような留学生活というドラマの幕が静かに開きつつあるのを実感していた。車窓から眺めるロンドンの町並みは、荘重なたたずまいを見せ、落ち着きと風格を備えていた。大使公邸は、静かな環境といい、建物のもつ雰囲気といい実によく、たいへん気に入った。この午前中は公邸で休息をとり、午後は再び市内へとドライブに出かけた。ここで、私はテムズ川と再会することとなる。議事堂、ビッグ・ベン、セント・ポール寺院といったロンドンを代表する建物を背景として流れるテムズ川と間近に対して、初めてテムズ川がロンドンの景観に果たしている大きな役割を見たように思えた。テムズ川は、かつて感じた多少汚れた川のイメージから、ロンドンの景観に必要不可欠な存在として、急速に私の心をとらえはじめた。しかし、この時点ではテムズ川が留学中の研究テーマになろうなどとは思いもしなかったのである。

公邸での日々

大使公邸での滞在は、平原大使ご夫妻のお取り計らいもあってたいへん快適で、英国についての基礎知識を養うよい機会となった。

到着翌日の六月二十二日には、英国議会の開会式を見学した。式は、エリザベス女王陛下、御夫君のエディンバラ公フィリップ殿下のご臨席のもとに、上院においておごそかに行われた。まず、きらびやかな礼装に身を包んだ上院議員が整列する中、きわめてフォーマルな装いの女王陛下とフィリップ殿下が入場される。やがて、女王陛下からの使者が下院に赴き、発声とともにドアを叩く。下院では開けたドアを使者の前で閉めてこれを拒絶すること二回。三回目にようやく開け、下院議員全員が上院に向かう。いわば女王陛下の使者に三顧の礼をつくさせるわけであるが、私はこの一連の所作に、ピューリタン革命にまで遡る、王権から自立した、議会を主体とする政治の理念が表されている思いがした。ほどなく式場に現れた下院議員の服装は平服である。その中には、サッチャー首相の姿もあった。女王陛下が第二次サッチャー内閣の施政方針を盛った勅語《ちょくご》を読まれ、儀式は三十分ほどで終了した。議会の開会式見学は、私にとって「伝統の国イギリス」を実感する最初の機会であった。

この日の夕刻には、アレクサンドラ王女からご招待をいただき、セント・ジェームズ宮殿へ伺う。王女には初めてお会いしたが、たいへんに打ち解けた雰囲気を作って下さった。さらに翌日には、バッキンガム宮殿へ。女王陛下のティーへのご招待であった。アンドルー王子、エドワード王子も同席され、しばしくつろいだ雰囲気のもと、楽しいひとときを過ごさせていただいた。女王陛下からは、今後の英国での生活についてのお尋ねや日本訪問時のお話などがあり、アンドルー王子からは軍隊生活の話、エドワード王子からは学生生活の話があった。もちろん幾分緊張もしていたが、会話はとても楽しかった。また、英国の「ティー」とはどういうものかと思っていた私には、女王陛下自らがなさって下さる紅茶の淹《い》れ方と、紅茶とともに並ぶサンドイッチやケーキの組み合わせに興味をひかれた。二十四日にはアン王女のグロースター州にある別邸に伺って昼食をいただき、マーガレット王女を表敬訪問し、皇太后陛下（クイーン・マザー）へは記帳に伺った。到着早々から英王室の方々にお目にかかる機会に恵まれたのはまことに幸運であった。

また、英国の外務省の関係者、私の身元保証人にもなって下さったスコットランドのマンスフィールド卿ご夫妻、オックスフォード入学前に語学研修のため三カ月間お世話になるトム・ホール大佐、オックスフォード大学で私が所属するマートン・コレッジ（Merton College）のサー・レックス・リチャーズ学長と、研究上の正指導教授となる同大学オール・ソウルズ・コレッジ（All Souls College）のピーター・マサイアス教授にもお会いできた。リチャーズ学長は温厚な紳士のイメージ、マサイアス教授はいかにも学者タイプの方で、オックスフォード生活を前にこのお二人にお会いして、大学生活への期待は大いに高まった。また、在英日本大使館の方々が、朝食時に交替で英国の諸事情についてブリーフィングをして下さったのもたいへん参考になった。

オックスフォード初訪問

六月二十四日、初めてオックスフォードを訪問した。当日の記憶は今でも鮮明である。オックスフォードはロンドンの西北西約九十キロ、車で高速道路M40をひたすら走る。緑色のカーペットを敷きつめたような田園風景の中に、時折羊が草を食《は》んでいる。平和で牧歌的な光景に見とれること一時間あまり、車は高速道路に別れを告げると、舗装された細い田舎道をくねくねと走り、石造りの建物がいくつか立ち並ぶ村々を通る。突然私の目に、かつて写真で見たオックスフォードのモードレン・コレッジ（Magdalen College）の塔が飛び込み、ほどなくマートン・コレッジに到着した。そこには前日お会いしたリチャーズ学長がお待ちで、コレッジの建物をいくつか案内して下さった。自分がこれから生活する場所を見ながら、コレッジとはいかにも古めかしく、雑多な建物のある所かと、妙な感慨を覚えた。学長は屋内を案内される途中、私に白髪で分厚い眼鏡をかけたいかにも学者らしい方を紹介された。ご本人は何やら本に向かって研究の真っ最中という様子であったが、学長が合図をされるとすぐに立って握手をして下さった。その方こそ、これから二年間にわたりマートン・コレッジ内で私の指導教授になって下さるロジャー・ハイフィールド博士であった。ハイフィールド先生の第一印象は、多少怖そうな先生といってもよかろう。おそらく学長はこの時、ハイフィールド先生と私との今後の関係を念頭において紹介されたのだと思う。ハイフィールド先生はやがて静かに元の机に戻り、本に向かわれた。その一連の仕草が私にはなぜか印象に残った。

学長はこの他、コレッジの建物に程近いリアル・テニス（real tennis）のコートを見せて下さった（リアル・テニスについては、「スポーツ」の項参照）。また、私が二年間生活する部屋も案内していただいたが、室内は工事中でいたるところ穴があいていた。コレッジは休暇中と聞いていたが幾人かの学生が歩いており、学長はすれ違うたびに一人一人に言葉をかけておられた。どうやら全員の名前を覚えておられるようだった。学長のお人柄もあろうが、そもそもコレッジの規模は学長がそこの学生を一人一人記憶できる程度となっており、早くもコレッジ制度の良さを垣間見たように思った。短時間のマートン・コレッジ訪問であったが、コレッジの風景も含めたオックスフォードという町のかもしだす雰囲気には、大いに魅力を感じた。帰路、車からクライスト・チャーチ・コレッジ（Christ Church College）をはじめハイ・ストリート（High Street）に並ぶコレッジのビル群を眺めながら、ここで二年間を過ごせる自分をつくづく幸せ者だと思った。

ここでお話ししておかねばならないのは、なぜ私が数あるオックスフォードのコレッジの中で、マートンに入ったかということである。私は、大学およびコレッジの選択をすべて英国政府に依頼しており、協議の結果マートンになったと聞いている。その理由としては、かつてオックスフォード大学の副総長もされたという人望厚いリチャーズ学長の存在、オックスフォード最古のコレッジの一つであるという歴史、友達を作るのにも適当なコレッジの規模およびその良い学風が考慮されてのことという。誰でも自分の出たコレッジをひいき目にみるものだが、九年後の今、マートンへ入れたのは実に正解であったと思っている。また、ケンブリッジではなくオックスフォードが選ばれたのは、マサイアス先生の存在が考慮されてのことと聞いている。

テムズ中流域の旅

オックスフォード訪問の翌二十五日には、ロンドンとオックスフォードのほぼ中間に位置するテムズ川中流域のいくつかの場所を訪れた。その日私は、平原大使をはじめとする大使館の方々とゴーリングにあるテムズ川沿いのホテルで昼食をとった。外を散歩するのにはうってつけの天気で、私たちは食後にホテルの庭先から続いている川沿いの小道を歩いた。川には多くの船が行き交っていた。少し離れた場所にある煉瓦《れんが》色の橋が、往来する白い船とよく調和し、日光のせいかそれらが川の色とも見事にマッチしている景観は実に魅力的であったし、川沿いの道端で数組の人たちが座って談笑しているのどかな光景も気に入った。

その後私たちはヘンリー・オン・テムズへと向かった。ヘンリーがロイヤル・レガッタ（Royal Regatta）というボート競技で有名なことをここで知ったが、それ以上に川沿いに建てられた家々のファサードの色調が実に美しかったのが印象に残った。木製の橋が一部テムズ川の上に架かっている箇所があり、そこからより間近にテムズ川を望めたが、それにしても改めて日本の川とテムズ川の相違点を認識させられた。氾濫原《はんらんげん》のない緩やかな流れ、そして川べりはそのまま川岸へとつながっている。

その次に訪れたのはマーローという場所であった。ティーのために立ち寄ったコンプリート・アングラー・ホテルから見るテムズ川の景観もすばらしかった。特に川に架かる吊り橋と対岸に建つ教会とが周囲の風景に花を添えている。こうして私はテムズと間近に接することにより、さらにこの川への愛着は募り、初めてテムズを見た時にもった汚れた川のイメージは完全に払拭された。

その他、大使公邸滞在中に、イングランド南部のブライトンや白い崖を一望のもとにするビーチー・ヘッド、一〇六六年のノルマン・コンクェストで有名なヘイスティングスおよびカンタベリーにも足を運んだ。

2 ホール邸での生活

ホール邸へ移る

大使公邸での十二日間は瞬《またた》く間《ま》に過ぎ、七月三日、私はオックスフォード郊外のチズルハンプトンにあるホール大佐のお宅へと移った。道々の光景は先日オックスフォードを訪れた時に一度は目にしていたが、長期のホームステイを前にして風景を楽しむゆとりはなく、心中には何か落ち着かないものがあった。幸いホームステイは、中学三年の折オーストラリアを訪れた初めての海外旅行ですでに経験済みであったが、三カ月もの長期滞在に多少の不安があったのも隠せない。

ホール邸は煉瓦造り三階建ての豪壮な建築で、ずっしりとした重厚感をかもしだしていた。門から玄関まではさほど離れていなかったが、屋敷の裏側には広大な庭があることが容易に感じ取れた。玄関先でトム・ホール、マリエッタ・ホール夫妻と三人のお子さん、ルーシー、エドワード、ジョンに迎えられる。中に通されて、三階までも吹き抜けになっている玄関ホールの広さに驚いた。ホールの卓には様々な本が置いてあり、脇にはピアノが一台、そしてホール氏の執務室、応接間、食堂がホールを囲むように設けられている。ひと通り初対面の挨拶がすむと、夫人はこれから私が使わせていただく二階の部屋へ案内して下さった。部屋にはバスとトイレがつき、壁には様々な図柄の絵皿や鳥の絵が飾られていた。窓からはホール氏の経営する広大な農場を一望にでき、牛が数頭のんびりと草を食んでいた。見渡す限り緑の平らな大地である。部屋を出るとすぐに玄関ホールが見おろせた。やがて、ホール一家と今回の留学に当たり御用掛《ごようがかり》として日本から同行した中川大使、平原大使、留学中終始側近として諸事に当たってくれる富士参事官および大使館の方々数人が同席して昼食が始まった。テーブルがセットされたテラスは暖かい日溜《ひだま》りになっており、英国で初めての家庭の味は、予想をはるかに上回るものであった。

昼食後、庭で日本側プレスの取材を受けた。手元の記録によれば、ホール氏の知り合いの所から連れてきた馬を見ている様子と散歩をしている光景が取材の対象となった。取材の終了後、中川氏、平原氏そして大使館の方々は帰られ、ホール邸には私一人となった。夕刻にはホール氏に誘われて庭の温水プールで泳いだり、ジョンからクロッケー（croquet）という日本でいうゲート・ボールのようなゲームを教わった。この時期英国の日脚《ひあし》は長く、七時三十分の夕食時でも外はまだ明るい。食事中にホール氏がなにやら言いながら外を指差した。狐である。狐以外にこの日の夕食でどのような話題が出たか残念ながら覚えていない。しかし、ホール夫妻とお子さんはとてもよい方々で、親切にして下さり、これから三カ月なんとかやっていけそうに思った。私にとってホール邸での初日は長く感じられたが、就寝前、ホール氏が私を部屋まで送って下さり、"Good night Hiro. Welcome to our home." と言われた瞬間、一日が無事に終わったという実感と何ともいえない安堵感を味わったものであった。

英語研修

大学の入学以前にホール大佐邸にお世話になる主目的の一つは、英語研修である。ホール大佐は、女王陛下に武官として仕える一方、語学学校を経営し、日本にもスクールを開いている。今回、ホール大佐邸が入学前の英語研修先として選ばれたのは、英国政府の推薦によるものだが、語学学校を経営していることも考慮されたのかも知れない。すなわちいながらにして英語の研修が受けられるという利点があったのである。研修の先生には、ホール大佐の語学学校の教師で、日本でも教鞭をとった経験のあるコーカス夫妻が当たって下さった。夫妻にはホール邸到着の翌日に初めてお会いしたが、たいへん気持ちのよい方々との印象を受けた。

授業の進め方は、午前午後それぞれ二時間ずつ夫妻が交替でホール邸に来て下さり、地下の部屋でレッスンが行われた。最初は英会話の本を使用して実生活に即した英語の修得、ヒアリングの向上を目指してBBCの朝のニュースの聞き取り、読解力をつけるために新聞の内容把握に重点が置かれた。BBCのラジオ・ニュースは最初はほとんど聞き取れなかったが、テレビのニュースは事柄によっては内容を即座に理解できるものもあった。ラジオやテレビのニュースは、終了後に口頭やペーパーで内容について質問を受け、ある時は口頭で、ある時は文章で答える形式であり、新聞も同様である。宿題には、原則としてその日ごとの英文日記が課せられ、翌日のレッスンの冒頭に文章を適切な表現方法に変えられたり、文法的なミスを指摘されたりしたが、自分の表現したい方法が身につく点で有益であった。レッスンはこれだけではない。その時に応じて様々な教材が使用された。レッスンの合間には、一階でティーとなる。先生がティーを淹れて下さるが、どうもご主人のフィリップさんに比べ夫人のダイアナさんの方が上手であった。ティー・バッグをポットの中に入れ、熱湯を注ぐだけの作業ではあったが、フィリップ氏は毎回のように火傷をしたり、何かしらハプニングがつきものであった。

屋内のレッスンに加え、時には屋外でのレッスンも行われた。先史時代の遺跡であるストーンヘンジ（Stonehenge）やソールズベリーの大聖堂を見学に行き、パンフレットなどを使いながら現場で語学の研修をするのもたいへん有効であったし、その翌日には見てきたことを英語で説明するような訓練や、見学対象に関する質問を受けたりもした。ストーンヘンジは草原の中に忽然《こつぜん》と現れた巨石の集合体とも見える遺跡だが、何の目的で、誰が作ったのか思わず考えてしまう。ストーンヘンジからさほど離れていないソールズベリー大聖堂は、ソールズベリーの平原にそびえ、十四世紀半ばに完成した英国一の高さを誇る美しい尖塔《せんとう》をもち、その威容は見るものを圧倒する。英国のゴシック建築の代表作であろう。なお、近年ミステリー・サークルで話題を呼んでいるのもこの地域である。

オックスフォードの町をその歴史を説明したパンフレットを頼りに散策するのも郊外での授業の一つである。セント・メアリー教会（St. Mary's Church）では、被葬者のレリーフが埋め込まれている墓石上に紙を当て、黒色のワックスで上からこすって像を紙に写しとる「ブラス・ラビング（brass rubbing）」といういわば拓本《たくほん》のようなものを試した。もとより本物の墓石ではなく、観光客を対象とした小振りのコピーではあるものの、ブラス・ラビングのプロセスはきわめて興味深かった。

この他、オックスフォードの博物館やロンドンのグリニッジ天文台、ノーザンプトンにある運河博物館など実にたくさんの場所に行った。運河博物館では、運河に関する基礎知識を実物を通して知りえた点でも有益であった。

また、ホール氏と連れだって最寄りの店に切手を買いに行き、その買い方を学んだり、パブでビールの注文の仕方を教わったりもした。若干余談になるかも知れないが、パブに初めて行った時の話をしよう。その日、私はホール氏の運転で長男のエドワードとともにホール邸からさほど遠くない三軒のパブを訪れた。ホール氏はおそらく、私がオックスフォード入学以降もたびたびパブへ行くであろうことを予想し、ビールの注文の仕方や、パブの雰囲気を事前に知ってほしいと思われたのであろう。私はそこでまずビールを注文する際には、「ビールを下さい」と言うのではなく、ビター（bitter）またはラガー（lager）を下さいと言うのだということを教わった。ビターとは英国の典型的なほろ苦いビールであり、色は若干茶色味がかっている。一方、ラガーは日本でもよく見られる普通のビールである。さらに、ビールの分量を、パイント（pint〇・五七リットル）単位で注文することも知った。ちなみに一パイントの分量は通常のビール一ビンよりやや少ない量である。したがって注文する際は、「一パイントのビターを下さい」とか、「ハーフ・パイントのラガーを下さい」と言えばよいのである。そうはいっても、いざ注文するのには少々勇気がいる。一軒目は大丈夫であったが、二軒目ではパブのマスターから「何だこいつは」という感じの目で見られてしまった。三軒目のパブはテムズの川沿いにあり、草屋根と白壁の美しいパブで、オックスフォードへ入ってからも訪れたよい雰囲気の店であった。この時はビターの味がいま一つ好きにはなれなかったが、生まれて初めて味わったパブの雰囲気はひじょうによいものであった。

英語研修の教材にはテムズ川を取り扱ったものも含まれていた。もちろんこの時点では、オックスフォードでの研究テーマをテムズ川の水運に定めていたわけではない。私が本格的にテムズ川水運の研究に踏み切るのは大学へ入ってからのことである。しかし、ホール邸滞在中に学んだテムズ川に関するいくつかの知識が、大学での研究に役立ったのも事実である。その一つに、コーカス夫人と一緒にジョン・ガグの著書 *Canals* を読んだことが挙げられる。レッスンは、読解力を養う目的もあり、私があらかじめ本を読み、その内容についてコーカス夫人が質問をする形式で進められた。この本は、今までまったく英国の運河を知らなかった私にとって、運河を理解する良き入門書的役割を果たしてくれた。

本からの知識に加えて、実際に川を船で航行したのもホール邸滞在中の新しい経験であった。その一つにパンティング（punting）がある。パンティングとは、オックスフォードおよびケンブリッジでよく見られる竿《さお》ざしの船パント（punt）を漕《こ》ぐことをいう。船の形は平底で先端部が四角くなっており、定員は約四名、竿は鉄製である。手元の記録では、七月二十八日が最初のパンティングの日となっている。この日は、コーカス夫妻とテムズの支流であるチャアウェル（Cherwell）川でパンティングを楽しんだ。パントの乗り場となっているチャアウェル・ボートハウスというレストランの前から、パントに乗り込んだまではよかったが、いざやってみると難しいものである。船はぐるぐると円を描くばかりでさっぱり前へ進まず、ただでさえ重い鉄製の竿が川底の泥にとられて上げるのに苦労するといった具合でなかなかうまくいかない。すれ違うパントを見ても、上手な人とそうでない人とがあり、中には橋の下を通過する際に気づかずに竿を上げ、橋桁《はしげた》に当たって水中に落ちた竿を拾いにわざわざ川に飛び込んだグループがいたのには驚いた。

パンティングではないが、オックスフォードの南約九キロ程に位置するアビンドンからクリフトン・ハムデンまで約八キロの水路を往復した船旅も楽しかった。途中カラムという場所では、ロック（lock）を通過する際の作業が興味をひいた。ロックとは河川の急流域および運河で船を上下させるために設けられた閘門《こうもん》で、小規模なパナマ運河といったところである。ロックの水門の開閉は自動であり、ロックの管理人に頼むと水門を開けてくれるので、私たちは船を岸につなぎ、水門を出入りする水量の変化で船が上下する様子を実地に体験できた。クリフトン・ロックでは他に四艘《そう》の船が待機していたが、ロックはスムーズに通過できた。クリフトン・ハムデンにあるバーリー・モゥ・イン（Barley Mow Inn）と呼ばれるパブの屋外で昼食をとり、アビンドンへ戻ったのは五時頃であった。十年近く前のこの船旅に関してこのように紹介できるのも、コーカス夫妻からの「宿題」のおかげなのである。

ホール邸での日々

ホール邸での過ごしようは、ウィークデイには、午前午後各二時間の英語研修がある他は特に決まった日課はなく、その日によりまちまちであった。朝は八時前には起き、朝食をホール氏のご家族ととる。トーストに加え様々なシリアルが出るのが印象的であった。シリアルとは、コーン・フレークスに代表される、穀類から作る食べ物であり、種類は実に豊富である。ホール夫妻は新聞を食卓で読むことが多く、記事の内容をしばしば分かりやすいように要約して下さった。朝食後はそれぞれの仕事につく。私は自室でその日の勉強の準備に取りかかり、ほどなくレッスンの場所である地下へ降りて行く。地下といっても明かりが多少入ってくる勉強には落ち着ける場所であった。レッスンが終わると昼食となる。昼食のメニューも日々変化に富んでおり、羊の丸焼きが出る時などはホール氏自身が肉を切り、めいめいの皿に盛る。家庭で肉を切り分けるのは、主人の役目とのこと。それにミント・ソースや赤いジェリー状のソースをつけて食べる。昼食は簡単にすます日が多かったと記憶しているが、ホール氏一家との会話は楽しいものだった。昼食後は再び英語のレッスンに入る。レッスンが終わると私の自由な時間が始まる。夏場は、水泳やテニスを楽しんだり、居間でくつろぐことも多かった。ホール夫人はクラシック音楽を好み、最もよく聞く曲は、シューベルトの弦楽五重奏曲である。この曲は私も大好きな曲であり、夫人とはこの曲をめぐって話が弾むことも多かった。

夕食には、よくホール氏は知り合いの方々を招き、私も食卓を共にした。ホール邸到着の翌日には、オランダ人の夫妻が令息をともなって来られたが、この時は本当に会話に苦労した。三人ともたいへんよい方々だっただけに、コミュニケーションの不足は残念であったが、その後オランダを訪問した折、ベアトリックス女王陛下のお知り合いとのことでご夫妻と再会できたし、令息には同じオックスフォードで勉強するようになったのを幸いに、しばしば会う機会をもてた。また、ホール氏が女王陛下に軍人としてお仕えしている縁もあり、夫君が女王陛下の馬の関係の仕事をし夫人はクイーン・マザーの女官をしている方や、近所にお住まいのスウェーデンの国王陛下の妹にあたられるご夫妻や、ホール氏のドイツ人、アメリカ人、カナダ人の友人が訪ねて来ることもあった。

ホール氏一家との夕食では、その日の英語のレッスン状況や、折に触れて日本についての様々なことを尋ねられ、日本語についても多くの質問を受けた。ホール氏は語学学校の関係で日本に何回も行っており、家族全体が日本に興味をもっている。例えば、同じ漢字を使う中国語と日本語の違い、日本語の中での漢字の発音、漢字と平仮名の違いなどいろいろなことを尋ねられた。そのたびに私は紙切れに漢字を書き、構造を説明することになった。普段何気なく使っている日本語を改めて説明するとなると難しい。当初は苦労したが、書物なども参考にしながら、説明に徐々に慣れてきたように思う。例えば、木が林になり森になるという移り変わりは、漢字を書くことで容易に理解してもらえた。なお、ホール氏は自分用の印鑑を持っておられ、それには「富掘」と彫られている。ちなみに、ホール氏の名前はトム・ホールである。夕食後は、目がさえて眠れそうもないような濃いコーヒーやミントの入ったチョコレートに食後酒を飲みながら、夜遅くまで会話が弾んだ。

夕刻には近郊のホール氏の知り合いの家を訪ねることもあった。ホール邸に入った翌日には、隣人のバークレイ氏宅を訪ね、テニスや水泳をして、ティーもいただき、七月十四日にも同氏宅でバーベキューをご馳走になった。ホール邸以外での夕食は、富士邸を除いてはその日が初めてである。ホール夫妻、バークレイ夫妻とその子息、令嬢とその友達が参加し、たいへん楽しいひとときであった。焼き立ての肉の味が何ともいえずおいしく、実にくつろいだ雰囲気だった。早くも機械産業を中心とした日本のことをあれこれ聞かれ、しどろもどろの英語で辛《かろ》うじて応対したように思うが、それにもまして、同世代の人たちとの会話は面白かった。バークレイ夫妻も

「最初は英語もなかなか大変でしょう」と聞いて下さったり、とても親切にしていただき、イギリス人のホスピタリティーを垣間見たように思った。

この他、私がテニス好きなために、ホール氏はしばしば「テニス・パーティー」と称してテニスの会をアレンジして下さった。幸いホール氏は顔も広く、近隣の人々をよく知っていたために、テニスを通して多くの方々と知り合えた。テニス・パーティーに限らないが、ホール邸滞在中に紹介を受けた方々により、さらに新しい人々と知り合う機会が生まれ、私の思ってもみないことが実現する運びとなった。例えば、ホール氏の隣人の所でのテニス・パーティーに出たおかげで、元デビス・カップの選手と知り合うことができ、その方の招待でウィンブルドンのコートでプレーできたのもたいへんによい思い出となったし、また、初めてのテニス・パーティーに招いて下さった方とは、一九九一年にオックスフォード大学を訪ねた折に再びお会いできた。

ホール氏一家は語学の研修以外にも、イギリスを知り、イギリスの生活に慣れるように実に骨身を惜しまず多大な協力と配慮をして下さった。これから記すのは、ホール氏あるいは、ホール氏のお子さん方とのいくつかの思い出である。それらが、私のイギリス理解と思い出につながったことはいうまでもない。

七月九日は、ホール氏の末っ子ジョンがグロースター州のチェルトナムにあるパブリック・スクール、チェルトナム・コレッジという高校を卒業する日に当たったため、ホール氏がそこへ連れて行って下さった。この日はスピーチ・デイ（Speech Day）といい、卒業生の家族も自由に校内を回れるという。私も幸いジョンとその友達に校内を案内してもらった。集団で過ごす寮生活は楽しい面もあろうが、なかなか厳しく大変な点もあるように見受けられた。寮の部屋も見せてもらったが、私の目には泥だらけのシャツやソックス、古びた机などがいかにも寮生活のシンボルのごとく映った。それにしても、生まれて初めて目にするパブリック・スクールのすべてに、興味をそそられた。昼食は、広々とした庭の一角にテーブルを設け、ホール氏一家が持参した英国風のピクニック・ランチを楽しんだ。やはり、卒業生の一家であろうか、同じようにテーブルをしつらえており、その近くをしゃれた麦藁《むぎわら》帽子をかぶった若い女性が歩いていた。実にのどかな光景であった。

ホール邸からさほど離れていない所で行われた村祭り（village fete）に行った日の記憶も鮮明である。その日は、ホール氏と長男のエドワードが私を連れて行ってくれた。お祭りの言葉どおり、種々のゲームがあり、食事や飲料が売られ、はなやかである。私はここで大失敗をした。長靴をどれだけ遠くへ投げられるかを競う「ウェリントン」というゲームがある。イギリスでは長靴をウェリントン・ブーツと呼ぶからで、同種のゲームをフランスでは「ナポレオン」といっているそうだ。私も挑戦したが、長靴は勢い余ったのか真横に飛び、塀を越えてしまった。そこに居合わせた人々は、私を一人の変な東洋人と見たのであろうか、あたりは大爆笑となった。後で聞いたところでは、私の投げた長靴は塀を越え、農作業をしていた人の体をかすめて飛んで行ったという。エドワードもこの日ばかりは周囲の状況も考え実に気を遣ってくれて、通常ホール邸ではプリンス・ヒロと呼んでいたが、ヒロで通してくれた。

後日談ではあるが、私はごく最近東京で、オックスフォードで私に会ったことがあるという人と顔を合わせる機会があった。その人こそ、この日の会場の所有者である。私はうっかり忘れていたが、その方は当日私を誰とは分からずに、「どこから来たか」と問い、私が「日本の東京から」と答えると、さらに、「東京のどこからか」と尋ねられた。私が「東京の中心部から」と答えたために、私の立場を推し量ったという。それにしても、楽しい一日であった。日本にいてはなかなかできないことだが、自分が誰かを周囲の人々がほとんど分からない中で、プライベートに、自分のペースで、自分の好きなことを行える時間はたいへん貴重であり有益であった。

オックスフォード再訪とマサイアス邸訪問

七月二十六日には、マサイアス先生のお招きで先生の所属しておられるオール・ソウルズ・コレッジで昼食をいただいた。この時は、コレッジという場でいただく初めての食事ということもあり、マサイアス先生の隣に座りいささか緊張していた。オール・ソウルズの食堂はあまり広くはなく、他のメンバーも和気あいあいと食事を楽しんでいる様子であった。大学の先生であろうか、日本人らしい姿を一人二人見かけた。メニューは選択できたので、私ははじめに豆の入ったスープを頼み、そして肉料理はマサイアス先生のお勧めで見るからにおいしそうな肉の塊《かたまり》を注文した。それは強烈な臭いをともなったレバーであった。マサイアス先生がレバーである旨を言われたのにうっかり聞き逃したのがまずかった。そうこうするうち二人の先生が私たちの向かい側に座った。今でも名前をはっきり覚えているが、お一人はニーダム博士、もう一人はシモン教授。ニーダム博士はマートン・コレッジのネクタイをしており、マートンには特別の愛着がある様子で、よく話される。一方シモン教授は口数が少なく、私は"How do you do?"と言ったまま次の言葉を失ってしまった。もっとも、この段階で雄弁に話そうとすること自体無理ではあったが。しかし、マサイアス教授がシモン教授に私を紹介され、私の祖父が昭和天皇である旨を話されると、何か思い当たる節があるようであった。案の定、後席でコーヒーを飲んでいる最中に、シモン教授は私に一枚の写真のコピーを差し出された。それは、オックスフォード訪問時の昭和天皇の写真であった。

日を改めてグロースター州にあるマサイアス先生の別邸にも伺った。石造りの簡素な、それでいて美しいたたずまいのお宅である。ご夫妻と令嬢を交えてのおいしい昼食の後、先生は近くのローマの遺跡を案内して下さった。そこはチェドワース・ローマン・ヴィラ（Chedworth Roman Villa）として知られ、ローマ時代の風呂や邸宅の跡が残っている。ローマ人が入浴の習慣をもっていたことは知っていたが、湯と冷水が分かれていたのには驚いた。また、熱を加える方法も実に巧みである。マサイアス先生には、ていねいに一つ一つの場所を説明していただいた。楽しい一日であった。

ホール邸滞在中にもいくつかの公的な行事に出席したが、バッキンガム宮殿で行われた女王陛下主催の園遊会に招かれた日は忘れられない。園遊会が開かれたのは七月十九日、日差しの強い日であった。男性は黒またはグレーのモーニングにグレーのトップ・ハットを着用（夏場であったためか黒よりもグレーのモーニング姿が少し多かった。また、黒のトップ・ハットを持った人は二、三人で、圧倒的にグレーが多かった）。女性の衣装は実にきらびやかであった。外交団および王室関係者の中にはすでに顔見知りの人もおり、宮殿の庭を散策していると挨拶に来られた。時刻になるとエリザベス女王陛下がエディンバラ公、チャールズ皇太子、ダイアナ妃および王室の方々を伴われてパレスの正面に出られ、国歌が吹奏された。

国歌が終わると人混みの中に三本の道がひとりでにでき、女王陛下をはじめとした王室の方々がそれぞれ分担して進み、何人かの人々に声をかけられながらゆっくりとロイヤル・テントに進まれる。テントではラズベリーをはじめとしたフルーツやケーキやティーが供される。テントに入って女王陛下にご挨拶の順番を待つようにと王室関係者から言われ、待つことしばし。女王陛下、エディンバラ公とご挨拶の機会が巡ってきた。女王陛下には、イギリスの滞在を楽しんでいる旨を申し上げ、女王陛下からは、日本電気のエディンバラ工場の開所式に出席された折のことをおうかがいした。宇宙服のようなものを着せられたのがとても印象的であられたようだ。エディンバラ公からは、なぜケンブリッジではなくオックスフォードに行ったかユーモア混じりに聞かれた。エディンバラ公はケンブリッジ大学の総長をしておられた経緯もあってのことであろう。

スコットランドへの旅行

ホール邸での滞在も半ばを過ぎた八月下旬、スコットランドへ数日間の旅行に出かけた。八月二十八日、ロンドンからエディンバラ郊外のハディントン卿のテュニンガム城に入った私は、ハディントン卿とそのご家族から温かいおもてなしを受けた。ご一家との昼食時には、壁面をところせましと飾るご先祖の肖像画と二十一年前の秩父宮妃殿下の当地ご訪問が話題となった。夕刻には、エディンバラ音楽祭の一環として催されたピンカス・ズッカーマンによるブラームスのヴァイオリン・ソナタとヴィオラ・ソナタの演奏を聴きに行った。この年はブラームスの生誕百五十周年に当たることから彼自身の考えでブラームスを選んだという。ヴァイオリンとヴィオラという二つの異なる楽器を一つのコンサート内で使用しながら、それぞれの音色の特色をあますところなく発揮したすばらしい演奏であった。ハディントン家へ戻ると、ご一家とスコットランドの踊りであるスコティッシュ・リールを踊った。リールの正確な踊り方を知っている方は少なかったようだが、男女が輪になり手を取り合って踊り、全員でたいへん楽しんだ。八十歳になられるハディントン卿もたいそう楽しそうに踊っておられた。

翌日は、ご一家とハディントン邸に程近い廃城を見に行った。海を見おろす絶壁の上に立つこの廃城からは、すばらしい展望が得られた。午後はエディンバラ市内に移り、まずエディンバラ城、ホリルッド宮殿を見た。美しく、魅力に富み、見る者の目をひきつけるこの豪壮な建築物や町並みの中にも、スコットランドの暗部ともいえる悲しい歴史がひっそりと、しかも永遠の生命を保つかのように存在している事実に、思わず襟を正す思いであった。それは同時に、イングランドとスコットランドの間に今日でも隠然と横たわる確執の一端を肌で感じ取った一瞬でもあった。つづいて、エディンバラ市を見おろす丘の上に立った。霞《かすみ》の向こうに幾多《いくた》の尖塔群と形の整ったいくつもの建物を擁するエディンバラの町並みは、まさに「イギリスの真珠」と呼ばれるにふさわしいたたずまいであった。夕方には、ハディントン卿のお孫さんと一緒に前日と同じホールで、ロンドン・フィルの演奏によるモーツァルトのヴァイオリン協奏曲とマーラーの「大地の歌」を鑑賞した。

翌朝、ハディントン卿は美しい花が咲き乱れる庭とご自身の領地（エステイト）の一部を案内して下さった。一口に領地といってもどのくらいの広さを想像されるだろうか。東京でいえば、山手線の内側の七〇％程もある面積といい、実に広大である。昼食は、ハディントン卿の知り合いのエディンバラ大学の学生も加わり、浜に近い丸太小屋風のコテージでバーベキューを楽しんだ。夜はディナー・ジャケット（タキシード）で再びエディンバラ城を訪れ、「ミリタリー・タトゥー（Military Tattoo）」を見た。城の前の広場で繰り広げられる種々のイベントは壮観そのものだった。ことにバグパイプの演奏はすばらしかった。エディンバラ城の上に一人の奏者が忽然と現れ、静寂な中に突如バグパイプの音が響くあたりは、幻想的なシーンでもあった。

翌三十一日には、エディンバラの郊外パースにあるマンスフィールド卿のスクーン・パレスを訪れ、マンスフィールド卿ご夫妻と二人のお子さんの歓迎を受けた。パレスの中は主としてマンスフィールド夫人が説明しながら案内して下さった。夫人は気さくでありながら気品を感じさせる方で説明はひじょうに分かりやすかった。数々の歴史的な品物の間に、私の両親が一九七六年に宿泊した際の植樹用スコップも置かれており、両親が心から楽しんだ数日間をあれこれ想像してしまった。マンスフィールド卿は私の訪問した当時北アイルランド担当大臣に任じておられたが、そうでなければ私のオックスフォード入学前のホームステイ先になることも考えられた方である。スクーン・パレスで過ごした時間は昼食をはさんでの半日だったが、たいへん楽しい心の落ち着くひとときであった。これはすべてマンスフィールド卿ご一家の温かいおもてなしによるものである。夜はハディントン邸に戻り、ディナー・ジャケットでのフォーマルな夕食会となった。食後は、再びスコティッシュ・リールを踊り、ハディントン卿のお孫さんのフルートと、同行した富士参事官のピアノでスコットランドの歌を合唱し、ロッホロ一モンを歌ったのをよく覚えている。最後には当日の出席者全員が腕を組んで「蛍の光（Auld Lang Syne）」を歌い、ハディントン邸最後の夜は余韻を残しつつにぎやかな中に更けていった。

三日間の滞在中、ハディントン卿ご夫妻は高齢にもかかわらずいたるところをご一緒して下さり、また、お子さんやお孫さんも一所懸命もてなして下さった。まさにマンスフィールド卿も含めたスコットランドの方々のホスピタリティーの恩恵に浴した日々であった。九月一日、私は思い出深いハディントン卿邸を後に、車でイングランド北部のレイク・ディストリクト（湖水地方）に向かった。目的地に近づくにつれ、周囲は山々が連なってきた。実は、ホール邸で私が不自由したものはなかったが、周囲の平坦な景観は私に山見たさを募らせ、ホームシックならぬ山シックを起こさせていた。今回のスコットランド旅行では山の多いハイランド地方には行かなかったが、山と湖を擁するレイク・ディストリクトの景観は山シックをいやし、心休まるものがあった。その日は湖沿いのホテルで一泊した。その晩、山を見てほっとしたのか部屋に鍵を置いたまま廊下に出て、ロックアウトの憂き目にあい、マネージャーにマスター・キーを借りに行く経験をした。ある意味では、コーカス夫妻との語学の勉強の延長といえよう。翌日はいくつかの湖を回り、英国の詩人ワーズワースの家にも立ち寄った。こうしてスコットランドとレイク・ディストリクトの全日程が終了し、ランカスターから鉄道でオックスフォードへ帰った。

ホール邸最後の一カ月

九月に入ると少しずつ日も短くなり、秋の訪れを感じさせる。ホール邸での私の滞在もあと一カ月程となった。私が到着した頃はあれほど咲き誇っていた花々も、めっきり少なくなり、肌寒く思う日も出てきた。英語の研修もかなり高度になり難しくなってきたが、オックスフォードで充実した生活や研究をするためには、語学の修得は欠くべからざるものと思い、一所懸命勉強した。この月の英語研修を兼ねた外出の中で特記すべきものとして、刑事事件を扱う裁判所である「オックスフォード刑事法院」（Oxford Crown Court）で裁判の模様を見学したことと、ストラットフォード・アポン・エイボンでシェークスピアの劇「ヘンリー八世」を鑑賞したことが挙げられる。

オックスフォード刑事法院へは、ホール氏とコーカス夫妻が同行して下さった。裁判長と歓談の後、法廷へ赴いた。私は幸い裁判長の脇の席で裁判の一部始終を見ることができた。確かこの時は放火犯をめぐる裁判だったが、黒い衣装に白いかつらをかぶった裁判長の姿はまさに古来のしきたりを今に伝えているものである。裁判の内容や応酬は分かりにくい点も多かったが、裁判の様子を目の当たりにでき、たいへんよい勉強になった。

ストラットフォードへは、コーカス夫妻が同行して下さった。美しいテューダー朝の建造物を今に多く残す町中を、シェークスピアの生家や彼が埋葬されている教会などを訪ねた後、「ヘンリー八世」をロイヤル・シェークスピア劇場で鑑賞した。事前にコーカス夫妻と梗概《こうがい》を読んでおいたので幸い筋を追うことはできたが、重苦しささえ感じさせる長い劇であった。しかし、初めてシェークスピアゆかりの地を訪ね、しかも彼の劇をその場所で見られた感慨は大きかった。

三カ月にわたるホール邸での生活を振り返ってみると、大きく分けて四つの貴重な体験や経験をしたと思う。その第一は、語学研修である。英語という語学は、実に難しく奥が深いとの印象を受けながらも、ホール邸に入った当初に比べ、話すのも読むのも書くのもずいぶん楽になった感がした。これには、コーカス夫妻はもとよりホール氏一家のご協力に負うところが大きい。第二は、ホール邸で、あるいはよそのお宅で様々な方とお会いすることができた点であろう。また、どういうふうにしたら本当に人に喜んでもらえる接待ができるかという点は、私が実際に接待されることを通じて学んだことであり、今後人を接待する際の参考となった。三点目としては二とも関連するが、ホール邸および招待された家庭で、イギリス人の生活について理解を深められたことが挙げられる。第四点は、田園生活の楽しみを味わった点であろう。老後はカントリー・サイドで生活を送るのがイギリス人の一般的な夢であると聞いているが、都会を離れ、緑の中で、時には農耕をしながら、また家畜とともに暮らしながら日々を送るのは、優雅でのどかなものである。

実は、私はホール邸到着早々、それまで経験しなかったヘイ・フィーヴァー（花粉症）にかかってしまい、屋外で食事をとったり、農場内を回ったりするのはいささか苦痛であった。また、ヘイ・フィーヴァーが治ったと思ったら、たまに鼻をつくマニュアー（manure 牛ふんの肥料）の臭いにも悩まされた。マニュアーの臭いは、最初の頃コーカス夫人にその旨をもらすと“Good country smell!”と一蹴されてしまったが、慣れてみるとなるほどそれもよいものだった。ホール氏の農場でとれた新鮮な野菜やジャムを食べられるのも田園生活を送っているからに他ならないし、なによりもおいしい空気とあふれんばかりの緑に囲まれた生活は、のどかという以外には言葉を探しあぐねる。このようなすばらしい思い出に満ちた三カ月間、嫌な顔一つされず私を置いて下さったホール氏一家に心から感謝したい。

ホール邸での滞在は十月三日をもって終わり、翌日のマートン・コレッジへの入学を控えて、オックスフォード郊外の富士参事官宅へ移った。富士邸はアビンドンに程近い、ベセルスリーという場所にあり、Old Rectory と呼ばれていることからも分かるように、かつての牧師（rector）館であったところを二年間借りたものである。私のオックスフォード滞在中はここに富士夫妻と二人のお子さんと姪御さんが住み、私に関係した様々な仕事をやっていただいた。ちなみに、富士氏は、一九七〇年以来現在の天皇皇后両陛下の侍従《じじゅう》を務め、デンマークのコペンハーゲン大学留学の経験をもち、ウニの研究で農学博士号を取得しているほか、ヴィオラに堪能で、日本ヴィオラ研究協会の副会長を務めている。富士氏は海外経験も豊富であるが、夫人やお子さん方にとっては、海外での長期にわたる滞在は初めてのことであると聞いていたし、よくこの話を受諾していただいたと感謝している。

富士邸は、石造二階建ての簡素な邸宅で、背後にはテニス・コート四面ほどの庭があり、築地《ついじ》を隔てて農場につながっている。玄関を入ると、暖炉のある食堂と応接間があり、奥にはピアノ付きの音楽をするのに適した部屋が一室ある。私が宿泊する部屋も二階の裏の庭を見おろす場所にあった。オックスフォード大学入学以後も、例えばコレッジの休暇中や会議などで閉鎖されている時期などにはここに泊まることもあった。たいへんに居心地のよい邸宅である。マートン・コレッジへの入学前日、そこには緊張の中にもなごやかな富士一家との団欒《だんらん》があった。

3　オックスフォード大学入学

マートン・コレッジへ入る

十月四日、私は新しい生活への期待と不安とが入り混じった複雑な気持ちで、二年間の生活の舞台となるマートン・コレッジへと向かった。緊張のせいか、前日泊まった富士邸からマートンへのわずか十五分ほどの道のりが、ことのほか長く感じられ、いつもであれば私の耳を楽しませてくれるコレッジ前の石畳の道を走る時の車の音も、この日ばかりは重苦しく響いた。

コレッジの門の前で、ロンドン滞在中にすでにお会いしたリチャーズ学長に迎えられた私は、管理人棟（ポーターズ・ロッジ）でさっそくポーターから新入生のしきたりとして記名帳への署名を求められた。その時の私はよほど緊張していたのか、ペンをもつ手はふるえ、ローマ字でつづったナルヒトの文字は見るも無残なものとなってしまった。オックスフォードにおける私の最初の公式記録である。

署名を終え自室の鍵を受け取ると、リチャーズ学長は私に二人の学生を紹介された。一人は、マートン・コレッジにおける大学院生の自治会であるミドル・コモン・ルーム（Middle Common Room 以下「MCR」と略す）の会長、もう一人は、大学生の自治会であるジュニア・コモン・ルーム（Junior Common Room 以下「JCR」と略す）の会長であった。MCRの会長はJ君というアメリカ人、背が高く、立派なあごひげをたくわえた顔には一瞬近よりがたさを感じたが、たいへん優しい目をした人物である。一方のJCRの会長はイギリス女性のM嬢、なかなかの美貌の持ち主である。

門を入ったフロント・クオッド（Front Quad.）と呼ばれる広場で、日英双方のマスコミによる取材を受けた。その際地元のラジオ局の人からいくつかの質問を受けたが、唯一覚えていることは「パブへ行ったり、学生の諸活動にも参加されたいですか」との質問に、「多分そうしたい」という意味のことを答えたことで、リチャーズ学長が「プリンスは、今到着したばかりで緊張しているから、質問はこのくらいにしておいてほしい」と言われて取材を引きとった。いずれにせよ、その時の私には、これから先どんな生活が待っているのか、その中でどんなことができるのかという不安が強く、今の気持ちをその時の私の英語のレベルであれこれ説明する余裕などまったく持ち合わせていなかったのである。

私は、スーツケース一個を持ち、石の階段を上がって三階の部屋に入った。私の部屋は最上階の端に位置し、書斎と寝室の二間続きで、入口とは別の廊下越しに私用の浴室と夜間は閉鎖されるドアを隔てて警護官の部屋へと続き、その先は三階の狭い踊り場に出る。八畳ほどの書斎からは南側にクライスト・チャーチ・メドー（Christ Church Meadow）の眺めをほしいままにし、寝室からは落ち着いた裏庭を見おろすことができ、眺望のよさと静けさという点において申し分のない部屋である。

書斎の勉強机は、資料をいくら広げても大丈夫なくらい大きく、手のとどく位置に木製の回転式本棚、机の正面の壁には三段の本棚が作りつけられていた。本棚の最上部は高くてとても手がとどかないが、勉強中もあまり動き回らずに本を手に取れるのはたいへん便利である。部屋の中央部に応接セット、壁を背に一つのソファーがあり、他にひじかけ椅子が二つ、入口付近には電気ストーブがあった。寝室にはベッドの他に、洋服だんすとそれに接して洗面台――これは扉付きで閉めると見えない形になっている――、三つの大きな引き出しのついた衣装だんすが置かれ、ベッドの上の窓には、今にも破れそうなカーテンがたよりなげに下がっていた。

自分の部屋をまったく自分の意志のまま使えるのはいいものである。スーツケース一個分の荷物ではあったが、どこに何を置くかあれこれ試行錯誤してけっこう時間を費やした。十月のイギリスは日の暮れるのも早い。荷物整理が終わったと思ったらもう薄暗くなっていた。

J君との約束でバーにおりていったのは、それからまもなくのことである。ビールのかおりに誘われるかのようにバーに入った私を、暗がりと数人の学生の好奇心に富んだまなざしが迎えた。奥のテーブルにJ君、M嬢と一緒につく。数人の学生が集まってきた。一番最初に紹介された女性は、室内だというのに麦藁帽子をかぶり、額には銀色の星のマーク。とっさに私は、これは大変なところに来たと思った。他の人たちは、私が想像していたような学生であり、それがせめてもの救いだった。この場面で今でも記憶にあるのは、香ばしいビールのかおりと、薄暗がりに浮かぶ学生の姿と仕草の一つ一つに、日本から遠く海をへだてたオックスフォードの地に今自分がいるということを、肌で感じたことである。

J君に促されて私は食堂（以下「ホール」と呼ぶ）へ向かった。私にとって最初のマートン・コレッジでの食事である。ホールの入口でスープと肉料理を受け取り席に着く。向かい側にJ君が座る。ところどころへこみのある古くて長い食卓。座りごこちの悪い長椅子。あたりを見回すと、食卓の上にすえられたライトに照らされ、学生の顔だけが暗いホールの中に浮き上がっている。一人一人異なる顔立ち、そして髪の色、すべてが初めて目にする光景であった。周囲の壁には誰のものかは分からないおびただしい数の肖像画がかかっており、その上は一面の暗やみ。吸い込まれそうに高い天井の梁《はり》がわずかに目に入る。周りの雰囲気に圧倒されている私の気持ちを察したのだろうか、J君が今まで以上に優しい顔をした。あわただしい食事であった。スープを味わったのか、肉をかんだのかさえ忘れ、ただ私は興奮していた。ここでどんな会話が交わされたか忘れてしまったが、それにしても、コレッジで最初の食事は予想以上においしく、ほっとした。

再びJ君に「友達の部屋でコーヒーでも飲もう」と誘われ、食堂を後に、私の寮とは別棟の石の階段を上がって、とある部屋を訪れた。部屋の主は女子学生で、どうやらJ君の友達というよりはM嬢の友達らしい。部屋は私の部屋とほぼ同じ大きさだったが、ベッドがあったことから寝室と居室が一緒になっている模様である。星のマークをつけた例の女子学生も含めて、数人の学生が入って来た。椅子の数が明らかに足りない。どうするのかと思っていたら次々と絨毯《じゅうたん》の上に座っていく。ぼんやり立っていた私には今にもこわれそうな椅子が勧められた。車座になり会話が始まった。マグに入ったコーヒーが一人一人に配られる。マグを片手にみんなが自由に話し合う。残念ながら私には、みんなの話題が学生生活の中での楽しみ、悩みであるのは漠然と分かっても、なかなか話題に入るきっかけがつかめなかった。それでも学生たちの食後の一つの過ごし方が分かり、そういう場に居合わせたことが、よい思い出となった。学生たちがコーヒーの入ったマグを平気で床に置くことも、この時初めて知った事実である。

このようにして、マートンでの最初の一日が終わった。皆に別れを告げて自室に戻り、すぐに寝る仕度をし、毛布三枚の下に疲れた体を埋めた。周囲から何の物音も聞こえない静かな夜であった。

入学式まで

翌日から、私のマートン・コレッジでの生活が始まった。部屋からホールまでは、建物の棟が違うために数分外を歩かなければならない。初めて迎えたマートンの朝は、まだ十月に入ったばかりなのに肌寒かった。二度目のホールではあったが、朝の光で見るそれは驚くほど様相を異にしていた。ホールに出て来る学生数が少ないこともその一つではあったが、天井の高いことと立派な梁が左右に渡してあることに改めて驚き入った。これでは冬はさぞ寒かろうと少し心配になった。

コレッジに入ったといってもすぐに入学式があるわけではない。いわゆる入学式は十五日で、それまでにコレッジはもとより、大学全体の行事がいくつも行われた。六日には、午前中JCRの会合に招待されて顔を出した。午後はJ君からMCRの学生を数人自室に招いてティーをするから来ないかと誘われたので行ってみた。いずれもたいへんよさそうな学生である。眼鏡をかけ口元に髭《ひげ》をたくわえた学生はいかにも話上手そうだった。ケーキをつまみながら自己紹介を始め、それぞれのこれからやりたいことなどを話し合った。今から振り返ってみると、その後二年間の留学中私とひじょうに親しくしてくれた人たちの中には、この最初のティーの出席者がきわめて多かった。思わぬ機会に新たな出会いがあるものと後でつくづく思ったこの日のティーであった。

夕方からは、コレッジへの入寮式に当たるアドミッション・セレモニー（Admission Ceremony）がホールで行われた。新入生は、名前を呼ばれると一人ずつホールに入り、学長への挨拶と身上書の記入を行う。時間にすればわずかなものだったが、よい雰囲気であった。ついでホールでは新入生全員と幾人かの上級生およびマートンの先生方が出席して、新入生歓迎のディナーが開かれた。私はハイフィールド先生の隣の席だったが、すでに面識もあり、この食事は実に楽しかった。食事の最後はリチャーズ学長が木槌《きづち》でテーブルを叩き、そろそろ食事をかたづける人のことも考えて終了にしようという趣旨のスピーチをされ、お開きとなった。自分がコレッジの一員となったことをしみじみ実感した一日であった。

七日は、午前中にガイダンスがあり、コレッジ生活の上で知っておくべき事項が話され、コレッジの専属の医師を利用する場合の諸注意などもあわせて述べられた。ガイダンスの後は、エグザミネーション・スクールズ（Examination Schools 試験の行われる建物、講義にも使用される）に移り、オックスフォード全体のサークル紹介を受けたが、スポーツ・クラブをはじめ、討論（ディベート）のクラブ、文化系のサークルや食事を楽しむものまで実に多種多様であることに驚かされた。夜は、MCR主催の新入生歓迎パーティーに出席した。ここでは学生がリラックスして誰もが快く話しかけ合い、社交の上手なことに大きな感銘を受けた。この場所でも幾人かの大切な友を見つけることができた。

八日は特に行事はなかったが、オックスフォード市内の映画館でアッテンボロー監督の「ガンジー」を鑑賞した。長い映画だったが良くできた作品で、ガンジーの思想や平和への態度が如実に示されていた。映画が終わっても大半のお客さんがしばらく帰ろうとしなかったのは映画の出来の良さを示しているようだった。

九日は、午前中ハイフィールド先生によるマートン・コレッジの歴史に関する話があり、その後それぞれの場所を実地に見て回るミニ・ツアーがあり、多数の参加者があったように記憶している。夜は、オックスフォードの音楽部のパーティーへ招待されたので行ってみた。私がヴィオラを弾くことを知っての招待だったようである。

十日午後には歴史関係のゼミナールへ出席した。ハワード教授の、これから歴史を研究していく学生を対象とした講義は比較的分かりやすかった。夕方は、マートン・コレッジによる新入生歓迎のドリンク・パーティーに出席。先生や職員の方々と話す機会に恵まれた。引き続きマートン内の歴史専攻の学生を対象としたパーティーに呼ばれた。同学の学生と会うよい機会で、ひじょうに楽しいパーティーだったが、自分のオックスフォードでの研究をあれこれ聞かれ、まだ十分決めてはいないこともあり返答に窮した場面もあった。

このように私のオックスフォードでの最初の週は、パーティーに次ぐパーティーであったが、このようなパーティーに出たことは、それからのコレッジ生活の上できわめて有意義だったと思っている。パーティーで知り合えた学生はたいへんに多かった。また、パーティーといっても飲んで騒ぐというものではなく、グラスを片手にいろいろな人とゆっくり話すことが主眼であり、大切な社交の場となっている。私たち日本人はどうしてもグループでかたまりがちであるが、彼らにはそのようなそぶりはまったく見られず、実に見事に誰とでも会話を楽しんでいる様子がありありと感じられた。また、パーティーの服装は平服の場合と、ディナー・ジャケットの例があり、後者も意外に多い。私はオックスフォード滞在中自室に常にディナー・ジャケットを用意しておいた。

これは入学式以後のことだが、パーティーでは一度誤算をしたことがある。私は、パーティーというのはすべて食事付きかと思い、あるパーティーに夕食ぬきで行ったことがあったが、ありつけたのは結局ポテト・チップスと多少のツマミだけであった。パーティーといっても内容はまちまちであるとつくづく思ったが、ともかくよい勉強になった。

入学式

そうこうしているうちに、入学式が行われる十五日がやってきた。この日は肌寒く、時折小雨もぱらついていた。朝の九時にマートン・コレッジのフロント・クオッドで新入生全員が集合し、一人ずつ点呼を受けた。私は最初"Mr. Naruhito"と呼ばれて、同期生の爆笑をかった。呼んだ人もすぐに"Prince Naruhito"と呼び直してくれたが、ともかく硬い雰囲気がほぐれた一瞬であった。"Yes"と返事をした後、私はマートン・コレッジの他の学生たちとともに、入学式の行われるシェルドニアン講堂（Sheldonian Theatre）へと向かった。なお、私はオックスフォード滞在中、先生方や学生にはヒロと呼んでもらった。ナルヒトに比べれば覚えやすいと思ったし、ヒロという言葉の響きも好きであったからだ。

すでにマートン・コレッジに入り、授業にも出ていながら、何でいまさら入学式なのかと思われる方もあろうが、この日の式はマトリキュレーション・セレモニー（Matriculation Ceremony）という式で、オックスフォード大学にmatriculate――すなわち、入学を許されるという意味なのである。入学式当日の服装は、男子学生は、全員が白のワイシャツに白の蝶ネクタイでスーツの上に黒のガウン（ガウンといっても黒いきれに腕を通すための穴が開いているようなもの、公式の行事や食事の際に着用する）をはおり、モーターボードと呼ばれる学帽（早稲田大学の学帽からつばをはずしたものを想像していただければよい）をかぶる。ちなみに、ガウンの丈は大学院生の方が学部学生よりも長く、腰の下までであるのに対して、学部学生のは腰のあたりまでである。女子学生は黒のスカート、白のブラウスに黒のリボンを結び、ガウンをはおる。いよいよコレッジの引率者に導かれ、入学式場まで列を作ってプロセッション（行進）が開始される。マートンからは、石畳のマートン通りから、ハイ・ストリートに通ずる細い道を通り、ハイ・ストリートを横断、ラドクリフ広場（Radcliffe Square）を経てシェルドニアン講堂に入った。幸いこのプロセッションの時には、コレッジに入ってすぐに知り合った日本語を勉強しているイギリス人の女子学生や、フィリピン人の男子学生が比較的そばを歩いてくれたし、私の隣を歩いたイギリス人の男子学生は折に触れていろいろと配慮してくれた。日本側の取材陣の前を私たちが通る際に一言「スマイル」と言ってくれた彼の顔が今でも忘れられない。

中世のたたずまいを今に残すオックスフォードの町並みを、ガウンに蝶ネクタイの姿で歩くのもなんとはなしにオックスフォード的でよい。シェルドニアン講堂までのプロセッションだけをとっても、私には印象深い一日となったが、中の行事はさらに圧巻であった。この講堂は、ロンドンのセント・ポール寺院などの設計者として著名なイギリスの建築家サー・クリストファー・レンの手による美しい円形劇場であり、入学式以外では、学位授与式の際などに使用される。入学式は、九時四十五分から荘重なパイプ・オルガンの音色のもとで始まった。式辞はすべてラテン語が使われる。私はこの式の間オックスフォード大学の副総長（ヴァイス・チャンセラー Vice-Chancellor）が一言、"Sit down, please."と英語で言った言葉以外は分からずじまいで、手元にある英語の対訳を見ながら式の進行を見守った。式では、コレッジの引率者代表が「私たちの学生を大学に紹介する」旨の言葉を述べ、副総長からは「皆さんは、社会国家からの期待が大きいことを十分に自覚し、勉学に励まれることを期待します」という趣旨の式辞があった。時間にすれば十五分ほどの短い式ではあったが、いかにもオックスフォードらしい伝統の重みを感じさせる儀式であった。ここで私は、晴れてオックスフォード大学の一メンバーとなることができたわけである。

4 オックスフォードについて

ドリーミング・スパイアーズ

ここで少しばかり、オックスフォードの概略を紹介しよう。現在のオックスフォード市は人口十万人強、ロンドンの西北西約九十キロに位置しているテムズ川中流域の町である。オックスフォードという地名の起こりは、浅瀬（ford）があり、牛（ox）が渡れたことに由来するという。英国内にいくつもあるストラットフォード（Stratford）やブラッドフォード（Bradford）といったフォードのつく地名は、必ずこの「浅瀬」と関係がある。ちなみに、オックスフォード市の紋章の図柄は、牛が川の上に描かれている。オックスフォード市の中心部をメイン・ストリートであるハイ・ストリートが東西に走り、主要な建物は、この通りを挟んだ南北の街区に広がっている（以下、巻頭の「オックスフォード市街図」参照）。

北側の地域には、セント・メアリー教会やオール・ソウルズ、クイーンズ（The Queen's）、ブレイズノーズ（Brasenose）をはじめとしたいくつかのコレッジがあり、またボドリアン図書館（Bodleian Library）とその分室に当たるラドクリフ・カメラ（Radcliffe Camera）がある。そこを北上すれば、ブロード（Broad）通りに面してシェルドニアン講堂がある。ハイ・ストリートの南には、ユニヴァーシティー・コレッジ（University College）、オリエル・コレッジ（Oriel College）やマートン・コレッジがあり、店舗やレストランも軒を連ねている。ハイ・ストリートを西へ進むとオックスフォードで最もにぎやかなカーファックス（Carfax）の十字路に出るが、ここを北に行くとショッピング街であるコーンマーケット（Cornmarket）通りに入り、南下するとセント・オルデイツ（St. Aldates）通りへと入る。セント・オルデイツ通りからはクライスト・チャーチ・コレッジの塔なども見え、さらに南下するとテムズ川に架かる橋へ出る。市の郊外は南にはテムズ川とそれに隣接してクライスト・チャーチ・メドーの広い牧場があり、北にはユニヴァーシティー・パークなどの緑地も多く、また東部にはテムズの支流のチャアウェル川がモードレン・コレッジ脇の橋の下を流れている。

オックスフォードの町を一望しようと思えば、市の東北部へディングトン（Headington）にあるサウス・パーク（South Park）へ行けばよい。ゆるやかな緑の傾斜地を振り返りながら登ると、オックスフォードの古いコレッジの建物、教会の尖塔群が一つ一つ背後に現れる。留学中、私は何回となくこの場所に足を運び、町の展望を楽しんだ。とりわけすばらしいのは、日没直前の風景である。オックスフォードの尖塔群が、折からの夕陽を受けてシルエットとなり、霞の上に浮き立つ瞬間を私は忘れることができない。その神秘的な光景を、人々は憧れの気持ちをこめて「ドリーミング・スパイアーズ（dreaming spires）」と言いならわしている。サウス・パークから緩やかに下る坂を進んでゆくと、まもなく左から来た二本の道と合流する。それを右手にとって直進すると、オックスフォードの入口を示すかのように大きくモードレン・コレッジのチャペルの塔が視野に入ってくる。モードレン・コレッジを過ぎるあたりからハイ・ストリートは緩やかなカーブを描きはじめ、クイーンズ・コレッジ、オール・ソウルズ・コレッジ、セント・メアリー教会といった古い大学関係の建物を一つ一つ順繰りに見せてくれる。その展開は実にドラマチックである。運がよければハイ・ストリートを行き交う人々の中にまじり、ガウンに身を包んだ学生の姿も目にすることができよう。「タウンとガウン」――オックスフォードの市民とオックスフォードの学生を表す言葉である。

タウンとガウン――オックスフォード大学小史

オックスフォードになぜ大学が誕生したのかはあまりはっきりしない。有力な説として、十二世紀の頃ヘンリー二世が宗教上の問題でカンタベリー大司教トマス・ベケットを大陸へ追放し、その時パリ大学で勉強していたイギリス人学生を、大司教との接触を絶つためイギリスに呼び戻したが、帰国した学生は、パリ大学へ留学できなかった学生とともにオックスフォードの町に定住し、大学が生まれたといわれている。オックスフォード大学が正式にいつ成立したかは分からないが、オックスフォードの町に一一〇〇年直後に学生がいたことを物語る史料があり、一三〇〇年頃までには一五〇〇人の学生を擁していたという。オックスフォードが選ばれた理由としては、そこが英国の中心部に位置した交通の要地であり、人々が集まりやすかったことが考えられる。ごく初期の段階におけるオックスフォード大学の姿は、文献もそう多くはなく、また諸説あって必ずしも明確でないが、学生や教師は市民の家を借りて生活し、授業は、教師の家や教会、修道院の歩廊などで行われていたといわれている。中世の大学は、いわば教師と学生の共同体的存在といえるもので、大学が創設されたからといって大学に固有の建物があったわけではない。

このようなわけで、時には学生が下宿代を払わなかったり、町の人とのささいな喧嘩から市民と学生とが武器を取って戦う騒動も起きている。俗にいわれる「タウン（town）」と「ガウン（gown）」の抗争である。一二〇九年に、オックスフォードの一学生が町の婦人を殺傷した事件では、裁判の結果、大学は事実上の閉鎖にまで追い込まれた。多数の学生と教師はオックスフォードを去ったが、その一部がケンブリッジに移って開いたのがケンブリッジ大学ともいわれている。タウンとガウンの対立が最も激しい形で現れたのは、一三五五年のケースであろう。事の起こりは、数人の学生が市の中心部にあるスウィンドルストック・タヴァーン（Swyndlestock Tavern）で、ワインの質にけちをつけたことといわれている。市民と学生はそれぞれ市の中心部のカーファックスにあるセント・マーティン教会とセント・メアリー教会に立てこもり、二日間にわたり暴動を繰り広げ、多数の死者を出した。事件は学生の市外退去で解決したが、大学はこれを機会に国王に大学の特権を強める認可状発布の申請を行い、一方、市は被害の代償を支払う羽目となった。話は飛ぶが、私は留学中に夜ガウンを着て一人で外出することはできるだけ避けた方がよいとしばしば聞かされた。大学創設時に始まった両者の対立感情が細々とではあるが今日まで続いている事実には驚かざるをえない。

このような抗争をなくすために数名の学生が共同で一軒の家を借り、自分たちの選んだ長のもとで共同生活を営む考えが生まれた。この家が「ホール」と呼ばれ、このホールが聖職者や貴族などにより法人格を認められて「コレッジ」となった。

中世の大学が学者のギルドとして特徴づけられることはご存じの方も多いと思うが、当時の学生の身分は、マスターである親方と一緒に七年間の徒弟生活を送り、技術を身につけて一人前の職人として独立する、手工業者と同じようなものであった。現在でも私たちは、このギルドとしての大学の名残をマスター、ドクターおよびプロフェッサーのような言葉の中に見いだしうるし、マスターピースなる語は徒弟がマスターになるために造る作品に由来しているわけである。

オックスフォードの町を歩いていると、しばしば「大学はどこにあるのだろうか」と言っている観光客に出会う。このような疑問をもつのは日本人だけではないが、この言葉はオックスフォード大学の特徴をよく言い表しているといえよう。すなわち、オックスフォードにはオックスフォード大学の建物が存在するわけではなく、現在四つの女子のみのコレッジと七つの大学院生および研究者で構成されるコレッジを含む三十五のコレッジがあり、これらのコレッジが各々独立しながらオックスフォード大学という一つの連合体を形成している。ちなみに、大学全体の統轄者としてチャンセラー（Chancellor）と呼ばれる総長がいるが、いわば名誉職的なもので、実際の大学関係の運営は副総長に当たるヴァイス・チャンセラーが担当する。私が留学中のチャンセラーは、かつて英国の首相を務めたストックトン卿ハロルド・マクミラン氏であった。一方、日本の大学の学部学科に当たるものとしてファカルティーがあり、すべての学生はコレッジとファカルティーの両方に必ず所属することになっている。私の場合は、Faculty of Modern Historyに所属していた。私が留学していた時分のデータでは、オックスフォード大学の全学生数は約一万二千四百人（男子学生七千六百、女子学生四千八百）、このうち海外からの留学生は約一千八百五十八人であった。

コレッジ制度

オックスフォード大学について語る場合、ユニークなコレッジ制度を避けては通れない。大学を構成するコレッジの特色についてお話ししよう。コレッジはいってみれば学寮であり、学生の宿泊単位のようなもので、専攻分野を異にする学生が生活を共にする場である。コレッジには、女子だけのものもあるが、たいていは男女が共に所属する。もっともオックスフォードが女子を受け入れるようになったのは、比較的最近のことである。コレッジに住む学生数は、規模の大きな所では五百人、小さな所では百五十人と、コレッジのサイズはまちまちであるが、平均すれば、約三百人といったところであろうか。通常コレッジには学生の居住区域の他、チャペル、図書館、食堂、事務室、コモン・ルーム（Common Room）と呼ばれる談話室、教員室、バーなどの設備がある。なお、学部学生は原則としてカーファックスから六マイル以内に、大学院生は十二マイル以内に住まなければならないため、コレッジ内部か市内のフラットを借りて住むのがほとんどである。私が属していたマートン・コレッジでは、約三百人の所属学生のうち、その半数に当たる百五十人がコレッジ内に住んでいた。また、学部学生は三年間の大学在学中の少なくとも最初の一年間はコレッジ内に住むことを義務づけられている。

　コレッジは学長（学寮長）の統率のもと、フェロー（Fellow）により運営される。興味深いのは、学長の呼称がコレッジにより異なる点である。例えば、マートンはウォーデン（Warden）、ベイリオル（Balliol）はマスター（Master）、エクセター（Exeter）はレクター（Rector）、モードレンはプレジデント（President）、ウスター（Worcester）はプロヴォスト（Provost）、ブレイズノーズはプリンシパル（Principal）などである。フェローとは教員・研究員を指し、ドン（Don）という別称でも親しまれている。フェローの中にはバーサー（Bursar）と呼ばれる会計係がおり、コレッジの内部業務を担当するドメスティック・バーサー（Domestic Bursar）、財務担当のファイナンシャル・バーサー（Financial Bursar）、コレッジの領地を管轄するエステイト・バーサー（Estate Bursar）

に分かれている。コレッジの領地などというと驚かれるかも知れないが、事実、各コレッジは広い領地を保有する荘園領主のようなものなのである。なお、コレッジにはスカウト（Scout）と呼ばれる用務員がいて、週末をのぞき部屋の清掃をしてくれる。スカウトの役目は部屋の掃除の他、さりげない会話を通して、学生の生活に目くばりすること——例えば異性を自室に泊めていないか、部屋をきちんと使っているかなどの生活態度を監視することも含まれているという。

コレッジ制度が整ったのは、おおよそ十三世紀といわれているが、最古のコレッジをめぐって、現在でもマートン、ユニヴァーシティー、ベイリオルの各コレッジ間で論争が絶えない。マートンはどのコレッジよりも早く一二六四年に創設の認可状（チャーター）を得（ユニヴァーシティーは一二八〇年、ベイリオルは一二八四年）、現存する建物の古さも部分的ではあるがコレッジ中で最も古く、十三世紀末に遡る。ユニヴァーシティー・コレッジは九世紀のアルフレッド大王によって創設されたとの説もあるが、これは史料的な裏づけはない。しかし、ウィリアム・オブ・ダラムにより一二四九年に学生十数名のための基金ができた事実が確認されている。この基金が発展し、コレッジへつながったことは疑いないが、この時点でコレッジの体をなしていたかは疑問が残ろう。一方ベイリオル・コレッジは、一二六六年にオックスフォードでジョン・ド・ベイリオルのもとに学者たちの集まりがあったとの記録があり、これらの人々が一二六三年までにはオックスフォードにいたとのベイリオル・コレッジ側の主張がある。要するに最古のコレッジを、チャーターを得た時期と建物の存在した時期とするとマートンになり、寄付行為の始まった時期とするとユニヴァーシティー、学者の存在した事実とするとベイリオルになるわけである。この問題は形式的な諸文書の面からのみならず実体がどうであったかにも注目する必要があるが、一方、コレッジが年を追うごとに成長を遂げたのも事実と思われるため、結論は簡単に出そうにもない。しかし、いずれにせよこれらのコレッジが十三世紀までに出来上がっていたことは、おおかたの認めるところである。十四世紀には、エクセター、オリエル、クイーンズなどの各コレッジが創立されたが、中でも、ニュー・コレッジ（New College）の設立は特筆すべきものがある。

一三七九年、時のウィンチェスターの司教ウィリアム・ウィッカムは、折から流行していたペストにより急減してしまった聖職者を新たに育成することを主目的とし、オックスフォード市の北の城壁に近い現在の地にニュー・コレッジを設立した。ニュー・コレッジの「ニュー」は、同時代の他のコレッジの中にあって、様々な意味で新しい試みを多く取り入れて運営していたことを示すもので、建設年代が新しいという意味ではない。その具体的な例として、まずコレッジ建設のプランの中でオックスフォードおよびケンブリッジのコレッジに特有なクオッド（Quadrangle略してQuad. ケンブリッジではCourt）が最初に作られたことが挙げられる。ちなみに、クオッドとは、コレッジ内の方庭とそれを囲む建物の総称であり、表面は芝生をはりめぐらしてあることが多い。オックスフォード最古のクオッドとして、しばしばマートンのモブ・クオッド（Mob Quad.）が引き合いに出されるが、これは偶然方庭の形に出来上がったものであり、ニュー・コレッジの場合は、ウィッカム自身の構想で、方庭を囲む形で、チャペル、ホール、図書館、学長のロッジ、フェローの居住区といった主要な建物を配しており、オックスフォードで最初の意図して作られたクオッドで、この様式はそれ以降のコレッジ創設の際の基本プランとなった。また、ニュー・コレッジ創設時のフェローの数の多さや建物の大きさもそれ以前のコレッジには類例を見ない。教育面でも、従来の教育方針である教授資格をもつ大学院生（master）の教育に限らず、学部学生（undergraduate）を受け入れ、フェローとともにコレッジ内に住まわせ、後で触れるオックスフォード独自の教育方法であるテュートリアルの始まりを作ったのもこのコレッジである。このように、ニュー・コレッジが後世のコレッジに与えた影響は計り知れないものがある。

十五世紀には、三つのコレッジ——リンカン（Lincoln）、オール・ソウルズ、モードレンが創設された。このうち、オール・ソウルズは研究者だけから成り、学部学生ゼロというオックスフォードでは異色のコレッジの一つである。

コレッジの一々に触れる余裕はないので、その後にできた主なコレッジを年代順に整理しておこう。

十六世紀——ブレイズノーズ、コーパス・クリスティー（Corpus Christi）、クライスト・チャーチ、トリニティー（Trinity）、セント・ジョンズ（St. John's）

十七世紀——ウォダム（Wadham）、ペンブロック（Pembroke）

十九世紀以降——キーブル（Keble）、マンチェスター（Manchester）、サマヴィル（Somerville）など以上のように、オックスフォードには十三世紀以来設立された多くのコレッジが存在し、建築史的にもたいへん興味深いものが多いが、いくつかのコレッジがヴィクトリア朝の改築でその原形を失ってしまったのは、多少残念な気がする。しかしながら、まったく変わっていないものも存在する。私はそれがオックスフォードの教育の理念ではないかと思う。

オックスフォードにおける教育および諸行事

私がオックスフォード大学の教育についてすばらしいと思った点は、枚挙にいとまがない。そのいくつかは折に触れて述べることとし、ここでは、テュートリアル制度（Tutorial System 同様のものをケンブリッジ大学ではSupervisionと呼ぶ）について紹介しておきたい。テュートリアルとは、指導教授であるテューター（Tutor）と学生との一対一で行われる授業を指す。学生は週一回自分のテューターに会い、エッセイ（小論文）または研究中に生じた問題点を整理して提出し、それをもとに通常一時間のディスカッションを行い、さらに次の週までの宿題が出される。テューターからはエッセイ作成のための参考図書、必読書が提示されるがその量はきわめて多く、読破する時間もなみたいていではない。また、学生によっては他の学生のテュートリアルに一時参加したり、異なる分野に関して別のテューターの指導を受けるため週二度のテュートリアルを受けるケースもある。ちなみに、大学院生は、自分の所属しているコレッジ内に一人とコレッジの外に一人、それぞれ指導教授をもつ例が多い。私の場合は、一対一のテューートリアルで直接指導を受けた教授は、オール・ソウルズ・コレッジのマサイアス教授であり、したがって私が書いたエッセイを批評されたのはマサイアス先生である。

一方コレッジ内での指導教授は、ハイフィールド先生であった。ハイフィールド先生は、私がマートン・コレッジ内でマサイアス教授との個人教授の際提出が求められるエッセイの作成過程で助言をいただき、あわせて研究上の問題点を相談できる先生なのである。ハイフィールド先生のような立場の方は、オックスフォードでは、モラル・テューター（Moral Tutor）ないしはコレッジ内部におられることからインコレッジ・テューター（Incollege Tutor）と呼ばれ、一方マサイアス先生に対してはは同じテューターであってもスーパーヴァイザー（Supervisor）と呼んで区別した。テューターはこのように研究の指導が主であるが、その他に指導している学生が生活上の困難やストレスに直面した際の相談にもあずかる。これは一緒に勉学、研究していく共通の体験の中で双方に相互理解と尊敬が生じ、それにより緊密な関係が打ち立てられるからである。この密度の濃い教授法は、学生に自分の意見をもたせ、論理を構成する訓練をさせる点ですばらしい効果をあげていると思う。反面、先生の考えが学生の考え方の上に強く反映しすぎると若干の危惧をいだく人がいることも事実である。

テューートリアル制度の起源は、鵜川馨《うがわかおる》氏の著書『イギリス社会経済史の旅』によれば、学生の研究室＝居室の造りと関係があるといわれる。すなわち、十四世紀に設立されたニュー・コレッジでは、大きい一室に四人の学生が同居し、このうちの一人が年長者で、他の三人の勉強の個人指導に当たっており、これが英国の大学における個人指導のはじまりであると説明されている。現在でも、テュートリアルがオックスフォード大学の教育にしめる役割は大きく、講義はあくまでもテュートリアル用の論文作成の補助的役割を果たすものである。ちなみに、歴史を専攻する場合、講義は午前九時から一時間単位、ゼミナールは午後五時からとか午後遅くにあるケースが多かった。

次にオックスフォード大学における年間行事について簡単に触れよう。大学は一年三学期制をとり、一学期は八週間である。第一学期はミクルマス・ターム（Michaelmas Term）と呼ばれ、十月上旬に始まる。第一学期最初の行事はいうまでもなく入学式である。入学式の日取りは年により多少異なるが、私が入った年の入学式は十月十五日であった。この他、学期早々に各クラブの紹介や歓迎パーティーが行われる。最初の学期は十二月半ばで終わる。休暇中、コレッジは会議などに使用されることもあり、学部学生はコレッジを出なければならないが、大学院生は研究上の都合から所定の手続きをしてコレッジに残る場合が多いようである。

第二学期ヒラリー・ターム（Hilary Term）は、一月の中旬から始まり三月末で終わる。この間は取り立てて大きな行事はなかったように記憶しているが、学期末前後にテムズ川で行われるオックスフォード大学とケンブリッジ大学とのボート大会（The Boat Race）は両大学内のみならずイギリスの一つの風物詩であろう。この日は、レースが行われる区間には人垣ができ、競技の模様はテレビで中継される（「スポーツ」の項参照）。

第三学期トリニティー・ターム（Trinity Term）は、四月の終わりから六月下旬までである。この頃になると気候もよくなり、スポーツや野外での行事に格好の時期となる。五月一日には、朝の六時にモードレン・コレッジのチャペルの塔の上からクワイアー（聖歌隊）が歌うメイ・モーニング（May Morning）と呼ばれる行事があり、早朝にもかかわらず塔の見えるモードレン・ブリッジ付近には多数の人々が詰めかける。この慣習は、十六世紀初めにまで遡るともいわれるが、薄暗く肌寒い上に眠気のさめやらない身体には何か神秘的な歌声に感じられた。パブもこの日に限りすでに開いており、私もこの日ばかりは歌を聞いた後、早朝から同行の友達とビールで喉を潤した。

六月に入ると、天気のよい日にはコレッジの庭の芝生に寝ころがりながら本を読んだり、談笑する学生の姿が目につくようになる。また、この学期にはボートをはじめ各種スポーツのコレッジ対抗戦が盛んに行われる。私は幸いマートン・コレッジのテニスの代表選手の一人に選ばれ、毎週よそのコレッジとの試合に出場することができた（「スポーツ」の項参照）。

俗にメイ・ボール（May Ball）と呼ばれるダンス・パーティーもオックスフォードの名物であろう。この時ばかりはふだんジーンズの学生もディナー・ジャケットなどにドレス・アップをし、イブニングなどで美しく着飾ったパートナーを引き連れダンスに興じる。こういったボールは全部のコレッジがやるわけではないが、マートン・コレッジはなかなか盛んで、夜の十時頃から始まり、明け方の六時頃まで続いていた。入場券が少し高いのが難点だが、間にはきちんと食事も出され、ジャズ・バンドの演奏、弦楽四重奏、手品、ディスコなど出し物も豊富であった。このボールがいってみればオックスフォードの一年をしめくくる合図となり、これから先、学部学生はオックスフォードを去り、大学は四カ月の長い休暇に入る。

マートン・コレッジについて

今までも多少は触れてきたが、ここでマートン・コレッジを案内しよう。マートン・コレッジは、十三世紀半ばの一二六四年、時の大法官で後にロチェスターの司教となったウォルター・ド・マートンによって創設された。それ以来今日まで様々な歴史を目撃してきた。チャールズ一世が断頭台の露と消えた十七世紀のピューリタン革命期には王党派の拠点ともなっている。すなわち、マートンにはオックスフォードに逃れてきたチャールズ一世の王妃ヘンリエッタ・マリアが住まったといわれる部屋が現存している。王妃の逃亡中チャールズ一世はクライスト・チャーチ・コレッジに身を隠しており、一説によればマートンとクライスト・チャーチとは当時地下道でつながっていたといわれている。このピューリタン革命期にオックスフォードでは稀《まれ》な自然科学系の専門家が、チャールズ一世の希望によってマートンの学長に就任した。血液循環の原理を発見したことで有名なウィリアム・ハーヴェイ（一五七八〜一六五七）である。その後にも自然科学専攻の学長は数人存在したが、私が入学した時のリチャーズ学長は化学を専攻しており、聞くところによると、自然科学系の学長が就任したのは、一七五〇年以来とのこと、驚くべきことである。

では、六八ページの地図を使いながら構内の散歩に出よう。コレッジの正面は石畳のマートン通りに面し、その門を入ると比較的大きなフロント・クオッドの一角に立つ。食堂（ホール）が正面に見え、右にはマートン・コレッジの礼拝堂（チャペル）がそびえ、左斜め奥には先生方が居住するフェローズ・クオッド（Fellows Quad.）の入口が見える。ホールは十三世紀後半の創建で、大部分が十八世紀末および十九世紀末の改築を経ているが、ホール入口の渦巻状の装飾が施された巨大な鉄製の扉は部分的に創建時のものという。フェローズ・クオッドは十七世紀初頭、ヘンリー・サヴィルが学長だった時の建設で、オックスフォードで最初の三層の建物を擁するクオッドである。フロント・クオッドを横切って左に進むと、学生の居住しているセント・オーバンス・クオッド（St. Albans Quad.）へと入って行く。

チャペルの周囲には、学生の居住区および図書館がある。ホールとチャペルの間の細い道を行くと、すぐにモブ・クオッドにでる。ここがオックスフォードで最も古いクオッドであることはすでに述べた。たまたま私もこのモブ・クオッドの一角に部屋をもつ学生と知り合い、しばしば彼の部屋を訪ねたが、部屋は窓が小さくて薄暗く、壁の様子も古風そのものでいかにも中世の空間にタイム・スリップしたように感じられた。また、ここの二階にある図書館は、十四世紀のたたずまいを今に伝える英国で最も古い図書館の一つであり、イギリスで最初に印刷されたウェールズ語の聖書をはじめ数々の貴重図書を所蔵している。中でも興味深いのは、鎖付きの本があることである。すなわち、中世に盗難を予防する意味で本に鎖をつけていたのが、今に残っているのである。マートンでは、十六世紀末まで、貴重図書や稀覯《きこう》本は鎖につないで窓と窓の間の「デスク」に置いてあった。それらの図書は、図書館がフェローから譲り受けたものであり、貴重度の低い図書などは、フェロー各人の部屋に備えつけられ、代々引き継がれていた。しかしながら、コレッジが十六世紀末に多数の活字本を購入した結果、従来の「デスク」では間に合わず、ここに英国で最も早い開架式の図書館が出現したのである。ちなみに、本に鎖をつける習慣は、オックスフォードの図書館では十八世紀末まで存続したという。この図書館には幽霊が出るとの噂もあるが、マートン在学中には結局一度もお目にかかったことはなく、真偽のほどは定かではない。

モブ・クオッドを出るとチャペルの入口は近い。チャペルの建築は部分的には十三世紀末期に遡る。建築上興味深いのは、このチャペルが、本来は十字形に建てられるべき所、外陣の部分を欠き、T字形をしていることである。一説には資金不足のため外陣が取りつけられなくなったとも聞くが、このマートン・チャペルが、その後のオックスフォードのチャペルに特徴的なT字形構造の貴重な前例となった。このチャペルではもとより礼拝も行われるが、しばしばコンサートも開かれる。マートンにはコダイ・クワイアー（Kodaly Choir）という聖歌隊があり、年に一回ここでコンサートを開く。このクワイアーの名前の由来は、ハンガリーの作曲家コダイの弟子が

マートン・コレッジ

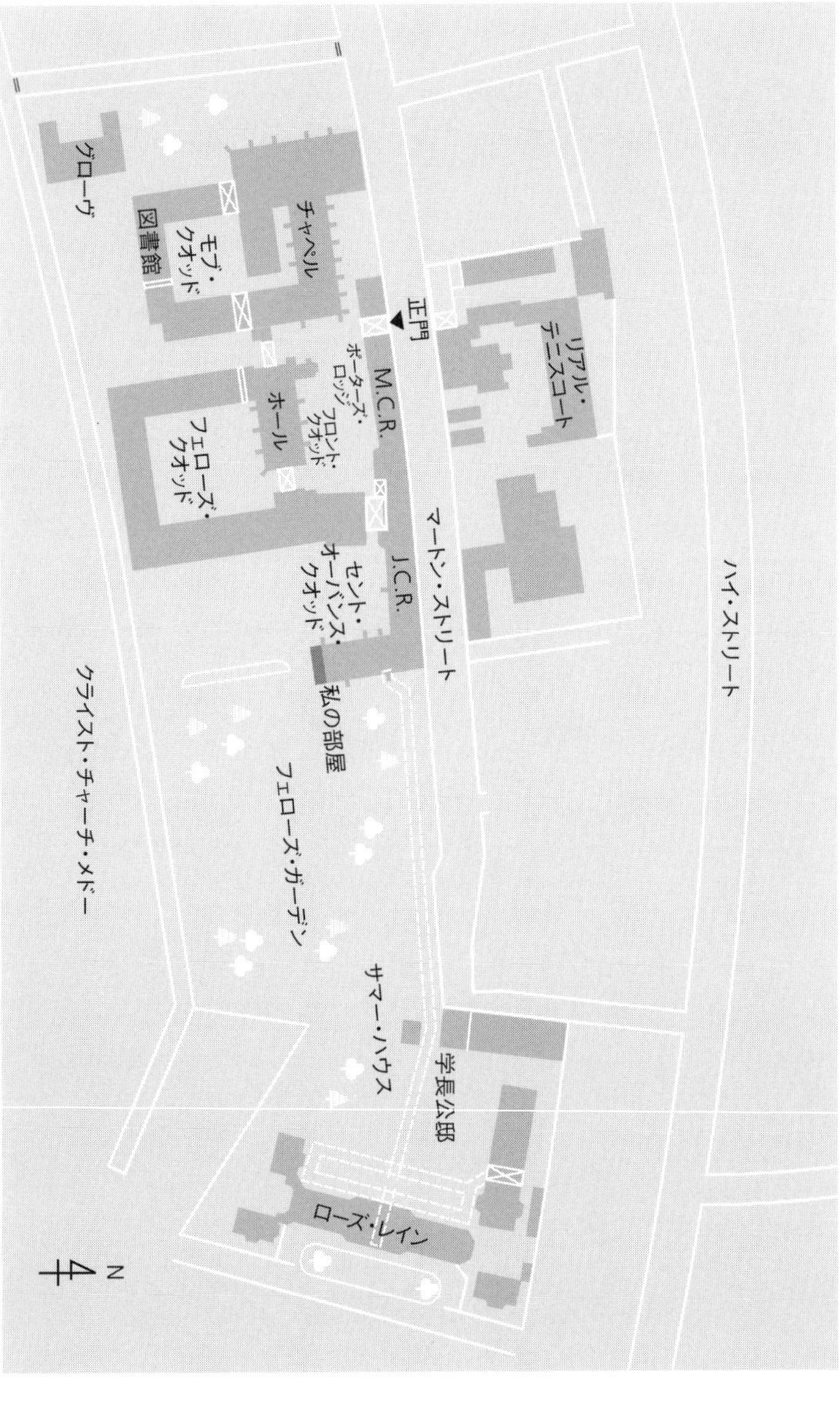
グローヴ
図書館
モブ・クオッド
チャペル
正門
ポーターズ・ロッジ
M.C.R.
ホール
フロント・クオッド
フェローズ・クオッド
リアル・テニス・コート
マートン・ストリート
セント・オールバンズ・クオッド
J.C.R.
ハイ・ストリート
私の部屋
クライスト・チャーチ・メドー
フェローズ・ガーデン
サマー・ハウス
学長公邸
ローズ・レイン
N

マートンで数年を送り、クワイアーを創設したことによるといわれている。私も入学した年にここでヘンデルのメサイアを聞いたが、音の響きといい、演奏といいたいへん感動的であった。また、このチャペルにはオックスフォードのチャペルとしては珍しく古い十四世紀頃のステンド・グラスがはめ込まれており、諸聖人の絵が描かれているが、その聖人と向かい合って多くのグラスに同じ人物が描かれている。この人は、ステンド・グラスの寄贈者で、オックスフォードの総長を務めたメームスフィールドという人物だそうで、自分の肖像と功績を後世の人にも見てもらいたかったのか、合計して二十四カ所も描かれている。なお、十五世紀半ばに建設されたチャペルの塔にはハイフィールド先生に連れて行っていただいた。上からはオックスフォードの景色をほしいままにできるが、螺旋《らせん》状の階段を上下すると、衣服は歴史のほこりにまみれてしまう。

再びフロント・クオッドに戻ろう。フロント・クオッドをセント・オーバンス・クオッドの方へ進む途中の建物は、学生の居住場所であるが、地下にはJCRの専用のバーがあり、夕食時には特にビールのかおりが漂ってくる。二階にはMCRの集会場がある。この他大型テレビの設置してある部屋やいわゆるゲームが楽しめる場所もある。セント・オーバンス・クオッドに住んでいるのは大半が学生であるが、マートンの先生がテュートリアル用に使用する部屋も含まれている。このクオッドはかつて、オックスフォードの「ホール」の一つであったセント・オーバンス・ホールを二十世紀初めにマートン・コレッジの一部としたものである。私が生活の場としたのもこのクオッドであった。このクオッドは、三方向をコレッジの建物に囲まれているが、残る一方向には、鉄の門がしつらえてあり、そこを通してマートンの庭が見えるようになっている。建物の棟は一見すると左右につながっているように見受けられるが、実際はすべて独立しており、隣の棟に行くのにはいちいち一階まで降りて、外を通らねばならない。このクオッドからは、建物を通りぬけて背後にあるマートンの裏庭へと通じている。フェローズ・ガーデン（Fellows Garden）の名称で親しまれているこの庭は、一面に芝生を敷きつめてあり、広々として寝ころぶにはちょうどよく、好天の日などには学生がよくおしゃべりを楽しんでいる。春先には、大きな木を囲むかのようにクロッカスや水仙の花が咲き乱れる。裏庭は、中世のオックスフォードの南限を示す城壁によってクライスト・チャーチ・メドーと仕切られる。裏庭から一段高くなった城壁沿いにこのメドーを見おろすのに格好の場所があり、椅子も置かれている。裏庭の一角にサマー・ハウス（Summer House）と呼ばれている一階建ての白いかわいらしい音楽室がある。

城壁に沿って西へ進むと、セント・オーバンス・クオッドを鉄の門越しに見る位置に来る。ここから見渡すセント・オーバンス・クオッドを囲む建物群の全景もなかなかよい。ここからは、私の三階の部屋もよく見える。ここをさらに進むとフェローズ・クオッドの後ろを通り、モブ・クオッドとチャペルの南側に来る。この付近には、学生の居住する棟がいくつかあり、グローヴ（grove）と呼ばれている。ここの突き当たりは、鉄柵越しにマートン通りからクライスト・チャーチ・メドーへの細い道である。ところで皆さんは、一九二四年エベレスト山頂に向かったイギリス人登山家マロリーに同行し、同じく消息を絶ったアーヴィンの名前をご承知だろうか。彼は、マートンの学生であり、よくチャペルの壁を登っていたという。マロリーの陰で人生を終えた彼を象徴するかのようにグローヴにはアーヴィンのモニュメントが目立たずひっそりとたたずんでいる。これでほぼ、マートンを一周した。

なお、学生の居住区は、この他に東に隣接する植物園との間にあるローズ・レイン（Rose Lane）と呼ばれる区域やコレッジ外ではホリウェル（Holywell）通りに多い。私がいた時分のマートンには、手元の資料では二百三十人の学部学生と、八十人の大学院生、そして五十人のフェローが勉学していた。五十人のフェロー中約半数は、コレッジで学生を教える先生（テュートリアル・フェロー）である。マートンでは、入学志願者に対してテュートリアル・フェローのいる科目を推奨している。私の在学時のマートンの学生の専攻としては、現代史が最も多く十二名、古典、法律、物理、化学、数学が各七名、法律が六名で後は英語、生理学、生化学、現代言語学、音楽などに分かれるが、中には哲学・政治学・経済学（それぞれの頭文字を取り、俗にPPEと呼ぶ）の三教科や歴史・現代言語学、歴史・経済学の二教科を同時に専攻する学生もいた。

ではそろそろ、私のオックスフォードでの生活の話に移ろう。

5　オックスフォードでの日常生活

午前中の過ごしよう

　オックスフォードの朝は、八時十五分からのホールでの朝食に始まる。朝食をとる学生は昼食や夕食に比べて極端に少なく、二十名前後だったので、時刻に少し遅れても座席は容易に確保できるし、食事がなくなる心配もなかった。メニューはトーストに卵料理、それに日によってハム、ベーコン、ソーセージなどがつき、すべてセルフ・サービスである。もちろんコーヒー、紅茶の用意もある。面白いことに、宗教との関係であろうか、金曜日の朝食にのみキッパー（kipper）というニシンの燻製《くんせい》が出てくる。私も試してみたが、骨をぬきとる作業にたいへん苦労させられ、味もいま一つ好きになれなかった。ちなみに私は、毎朝トースト一枚に、コーン・フレークスなどのシリアル類と紅茶をとり、ゆで卵の出る日にはそれを加えていた。紅茶とコーヒーは食堂の入口で備え付けの容器から入れることができるが、紅茶はきわめて濃く、コーヒーと同じような色をしていた。食堂は約三十分しか開いておらず、寝坊した人のために学部学生用のバーで遅い朝食が出される。

朝食後には管理人棟に行く。まず、その日の昼食と夕食をホールでとる場合、管理人棟で自分の名前にチェックをする。もし、万が一チェックをし忘れてホールで食事をする時は、入口にいるスチュアード（受付係）に断わってから入ることになる。なお、マートンの学生は水曜と金曜の夕食時にゲストを三名まで呼び、ホールを見おろす中二階のロビーで食事をすることができる。この場所はゲスト・テーブル（Guest Table）と呼ばれ、ホールの食事よりかなり良いものが出される点で人気があり、翌週のゲスト・テーブルの予約を受けつける朝には予約を取る学生の長い列ができ、多くの学生がウェイティング・リストに名を連ねることになる。しかし、当日までにキャンセルする人もおり、当日の朝にチャンスがめぐってくるケースもある。

ついで、郵便受けに入っている郵便物と新聞を取る。入学後しばらくは、様々なパーティーやイベントへの招待状が山ほど入っていたこともあったし、英国内外の方からの様々な手紙も入っていた。そうかと思うとハイフィールド先生や、マサイアス先生からの手紙、マートンの学生からの手紙やカード、はては紙切れに無造作に書かれたメモなども入っていた。バレンタイン・デーには誰からとも分からないカードが入っていたし、たまたま日本人の観光客でマートンを訪れた人のメッセージが入っていたりもした。おそらく春休みのヨーロッパ旅行の折に立ち寄ったのだろうか、学習院を卒業したばかりの学生からのものもあった。これら郵便物については、ポーターの人がひじょうに気をつけて取り扱ってくれた模様で、そのおかげもあり何の問題も起こらなかった。今考えてみると、この小さな郵便受けが私のオックスフォードにおける社交の大きな窓口になっていたのである。なお、新聞はといえば、*The Times* が毎朝この郵便受けに入ることになっていた。マートン最寄りの販売店に定期的に購読期間の申し込みをし、料金を払っていたため、たまに新聞が来なくなったことにより契約期間が切れたのを知ったこともある。その場合はその店で当日の新聞を買い、あわせて継続の希望を伝え料金を支払った。

自室に帰ると自分で淹れたコーヒーを飲みながら、新聞に目を通すのが常であった。コーヒー用の湯沸しポットは入学後に市内の店で購入したもので、湯が沸騰すると自動的にスイッチが切れる仕組みのものである。

そうこうするうち、スカウトが来てゴミを集め、簡単に室内を清掃してくれる。週に一回は掃除機で床の清掃もやってくれるが、それ以上にいろいろな話をしていく人もあり、なかなか楽しいものだった。一年目に私の部屋を担当してくれた人はご主人が警察官とのことで、コレッジ側で特別に配慮してくれた人であった。二年目に担当してくれた人などは、私が持参したさわると時刻をいう目覚し時計に知らないで触れて驚いていた。また、オックスフォードにマクドナルドができたことを嘆いていたので、私は自分が勉強した日本の大学の近くにもマクドナルドがあった、と話すととても驚いた様子で、「そんなアメリカのものはなくしなさい」と説教をされたり、面白いことがたくさんあった。スカウトはこのように部屋の清掃はしてくれるが、洗濯となると自分でしなければいけない。これについては後で述べよう。

スカウトが帰ると自分の勉強時間となる。午前中は講義に出ることもあったが、図書館または公文書館での史料集めか、エッセイの準備のため自室で過ごすことが多かった。昼食は十二時四十五分からで、マートンの学生はもちろんよそのコレッジの学生が食べに来ることもあり、ホールの外には長蛇の列ができる。ひどい時には管理人棟の所まで並ぶ日もあり、冬にこの列に加わっている時の寒さは格別であった。しかし、だからといって列に割り込むような学生の姿はほとんどなかった。食堂に一歩でも入ると、冬でも中は外とは打って変わって暖かい。昼食もセルフ・サービスで、メニューは三、四種類。代表的なものとしてビーフ・シチューをはじめとしたシチュー類、スパゲッティとミートソース、パイである。まず、メイン・ディッシュ用の皿がわたされ、係の人の前にその皿を出すと、ポテト、芽キャベツ、グリーンピースなどのゆでた野菜が好みに応じて盛りつけられる。「少し」と言わない限り山のようにサービスされる。私も入学した当初は要領をえなかったため、しばしば「少し」と言うタイミングを逸し、野菜がメイン・ディッシュを隠さんばかりに盛られた皿を前に、うんざりしたこともあった。しかし、概してマートンの食事はおいしく、食べられずに困ったことはなかった。

昼食後はだいたい大学院生の集会場であるMCRに行く。

ミドル・コモン・ルーム(MCR)

ＭＣＲの部屋は、十三世紀末期に学長の私邸のホールとして創建されたものであり、当時の造りを今に残している。ことに天井に張り出す梁は美しく壮観である。私が、ＭＣＲと最初の関わりをもったのは、すでに述べたようにマートン・コレッジ入学の際、学長からＭＣＲの会長であるＪ君を紹介された時である。そして、Ｊ君は早速彼の部屋でＭＣＲのメンバーを紹介し、私をＭＣＲ主催のドリンク・パーティーに招待してくれたことも手伝って、入学後短期間のうちに私は多くのＭＣＲのメンバーと知り合いになれた。

マートンでの私の楽しみの一つは、昼食後このＭＣＲの部屋に上がって行って仲間とコーヒーを飲みながら、食後のひとときを過ごすことであった。ＭＣＲが一番にぎわうのは、いうまでもなく昼食や夕食の後である。しかし、昼食後にはＭＣＲのメンバーもそうゆっくりともできず、三十分少々で「勉強に行く」と言ってＭＣＲを後にする人が多い。それでも食後のひととき気の合った仲間と過ごす時間は私にとってたいへん貴重なものであった。コーヒーはＭＣＲに備え付けのものがあり、メンバーの誰かがカップに注ぐ。かなり濃いコーヒーだったが、飲みながらの話はたいへん楽しかった。雑然とした話題が多かったが、時に一つの問題を中心にみんなが夢中になることもあった。今でもありありと覚えているが、オックスフォードの卒業生であるサッチャー首相に名誉博士号授与の話が持ち上がりながら、彼女のとった教育費の削減を理由にオックスフォード大学がそれを取り下げたことに関して、大学側の態度を当然とする学生と、サッチャー女史の首相としての業績とオックスフォード大学の卒業生である事実に鑑《かんが》み、名誉博士号は授与すべきであったとする学生との間で激烈な討論が行われた日もあった。私は聞き役にまわっていたが、議論は白熱したものの、当然といえば当然であるが結論は出ないままに終わってしまった。また、ウィンブルドン・テニスの時期に、初めてサービスのインかアウトかを音で判定するシステムが導入された折でもあり、その是非を話し合ったこともあった。ある学生は「インかアウトの判定をする人の眼鏡を見ているとあまりにもレンズが分厚くて、あれでは速球の判定は困難ではないか」と笑いながら発言し、他の学生がウィンブルドンに音付きの判定装置は必要ないと強調していた。

ちなみに、MCRでは入口近くにあるバーのカウンターにノートがあり、コーヒーの代金は淹れてくれた人かその場に居合わせた誰かの名義でノートに記入し、追って代金が徴収される仕組みとなっている。MCR備え付けのミニ・バー内の飲料を飲む時も同じである。私は当初はこのシステムを知らずに、結局だいぶたってから、自分がただでコーヒーやリキュール類を飲んでいたことが分かった。今から思うと悪いことをしたものである。ところで、MCRでコーヒーを飲んだ後、彼らがカップを洗う時に洗剤がたっぷりついていてもそれをすすぐことをしないのには驚いた。しかし、聞くところによると、イギリスではみんなこうなのだというが、真偽のほどは分からない。

MCRに行っても誰もいないような時もしばしばあったが、*The Times*、*Economist*、*Newsweek*

などの備え付けの新聞や雑誌に目を通し、あわせてオックスフォードで行われている各イベントを紹介するちらしを見るため、時間を費やすのには事欠かない。時には今にも壊れそうな椅子に腰掛け、ぼんやりと美しい梁の通った白い天井を見上げるのも一興であった。

MCRでは、各学期ごとにディナーが催される。この時はゲストを招待することも可能で、男性は持っていればディナー・ジャケットをまとい、女性も美しく着飾って参加する。会場はおおむねホールの隣のサヴィル・ルーム（Savile Room）であった。食前酒はMCRでサービスされ、しばしの歓談の後サヴィル・ルームへ移動する。食後のポート・ワインも同じ席で出され、代表の"To the Queen"の発声に引き続き全員が唱和する。コーヒーまでサヴィル・ルームで飲み、再びMCRへ移り食後の歓談となる。私はアット・ホームな雰囲気のするこのディナーが好きで、ほぼ毎学期出席していた。通常MCRで顔を合わせる人以外にも、大学院生には様々な人がおり、一人一人がきわめて興味深い人物であることを知ったのも、このディナーに出席したおかげである。

MCRが主催する行事は、刷りものによって知ることもできたが、だいたいは昼食後などに仲間から情報を得た。ディナー以外にも観劇やボート遊覧など様々な催しがある。

MCRでコーヒーを飲んだ後はふたたび勉強が待っている。もちろん日によって勉強が夕食まで続く時もあるが、合間をぬって運動不足解消を兼ねたテニスやジョギングで汗を流すこともあったし、日用品や本を買いに町へ出ることもあった。

買物と国民性

ここで私の買物について話そう。私の場合、ノートや史料カードやカード・ケースなどの研究上不可欠なものばかりでなく、時として警護官と手分けをして日常生活に必要な飲料や、果物類も購入した。ゲスト・テーブルなどに人を招く時には、ワインやシェリーなどを最寄りの店に買いに行った。ところで皆さんは、自動車生産のパイオニア的存在であるウィリアム・モリス（一八七七〜一九六三）をご存じだろうか。著名な芸術家ウィリアム・モリスとは別人であるこの人物、のちにブリティッシュ・レイランドの元となるモリス・モーターズ（Morris Motors Ltd.）を創設した人物であるが、彼は車を生産する前には自転車屋で働いていたという。その店が私のいた頃はワイン・ショップであったが、今はどうなっていることか。また、雑誌や新聞を売っている店にもよく立ち寄った。雑誌の種類が豊富で、ことに趣味に関するものがたいへん充実しており、運河巡りのツアーに関する雑誌などは研究の参考にとたびたび購入した。新聞は毎朝コレッジの郵便受けに配達されるが、大きな事件があった場合や気分転換のためにたまに別の新聞を読むことも一つの楽しみであった。しかし、マートン入学当初は、なかなか英国のお金の扱いに慣れず、店員が「〜ポンドです」とか「〜ペンスです」という言葉をうまく聞き取れずに聞き返したり、間違った額を出したこともあった。それ以上に困ったのは、どうしても慣れないうちはコインよりも紙幣を多く使ってしまい、手元には重いコインがたまり過ぎることである。ある時それらが財布からいっぺんにこぼれ落ちたことがあった。私は大いに慌てたが、警護官も含めて、周囲にいた人たちが少しも騒ぐ様子もなく手分けをして拾ってくれた。失敗といえば失敗だったが、何かイギリスの人たちの優しさのようなものを感じ、すがすがしい気分でコレッジに帰った。

優しさといえば、私はイギリスの人々が自分でドアを開けた場合、後から来る人がいればドアを開けたまま待っていてくれるのにも感心した。私は滞在中鼻先でドアが閉まるような不快な思いをほとんどしなかった。また、これも買物の過程で分かったことであるが、イギリス人は実に列をよく作るし、列に並ぶ順番を大切にする。買物以外にもコレッジの食堂やバス停で長蛇の列を見ることがある。列の最後尾と思って並んだが、「そこは最後尾ではありません」と言われたことがあった。それ以降は気をつけるようにしているが、たまたまある店で、「ここは列の一番後ろですか」と聞いている人を見て、列作りにはそれなりの対処の仕方があるものと感じた。私が買物を焦って財布からコインを落としてしまった時にも、列に並んでいた以上はそう焦る必要がなかったように思う。イギリスではゆっくり買っていても、後ろからせかされるようなことは少ないようである。

次も失敗談であるが、オックスフォードにはハイ・ストリートとコーンマーケット通りにまたがる大きな屋内マーケットがある。慣れないうちは一度その中に入ると出口を探すのに苦労するほど迷路のようなところで、中には洋服や食料品や装身具などを販売する各種の店が入っている。

ここでは魚や肉も買えるが、最初に驚いたのは雉《きじ》などを含む野鳥と思われる鳥類が無造作に店先に下がっていることであった。さすがは狩猟が盛んな国であると思った。この一角にたいへん新鮮なコーヒーを豆で売っているところがある。ここへ初めて入った時、店員から「ファインですか、ミディアムですか」と聞かれて何のことか分からなかった。コーヒー豆をひいて下さいといった私に、「細かくひきましょうか。それとも、中くらいにしましょうか」と聞いたのであったが、とっさの返答に窮してしまった。その場は何とか乗り切って、一つ語彙が増えたように思った。なお、この屋内マーケットにはペット・ショップもあり、ヨウム（オウムの一種）が何日間も同じケースに入ったまま、いっこうに売れる気配がなかったのには気の毒な思いもしたが、各種様々なペットが見られてなかなか面白かった。

ところで、私はオックスフォード在学中によく写真を撮った。史料を調べに図書館や公文書館に行く時も、バッグの底には小型カメラを入れておいた。町の表情をうまく撮るには、思わぬタイミングがあるからである。よく行った写真店は三軒ほどあり、いずれの店でも顔を覚えられてしまったと見え、"Work hard?"であるとか、「オックスフォードでの滞在を楽しんでいますか」などと聞かれたりした。現像に出す際には名前と住所を聞かれるが、ある店では数回足を運ぶうちに顔見知りの店員もでき、私が何も言わなくても現像用の封筒に名前と住所を書いてくれるようになった。そのうちの一人は年輩の女性で、かつて私のところに勤めていた職員によく似ていた。オックスフォードを去るしばらく前のある日、私はいつものようにその店に行った。すると、若い女性店員から、「今日は、~さんが最後の出勤日なので、今上でみんなでティーをしていますが加わりませんか？」と言われた。予期しない誘いだったこともあり一瞬どうしようか迷ったが、おそらくあの人だろうと想像もついたし、そうならばいろいろよくしてくれたことでもあり、お礼を言う絶好の機会と思い、ティーに加わった。ティーは想像したとおり例の年輩の女性のためのもので、写真のコーナーにいる人が多く加わって件《くだん》の人を中心に写真の話に花が咲いた。

本屋や古本屋を訪れるのも楽しみの一つであった。本屋では、ブラックウェルズ（Blackwell's）やパーカーズ（Parkers）によく行った。また、ハイ・ストリートに面した古書店では、オックスフォードの風景のエッチングを買ったりしたが、日本の浮世絵の多いのにも驚いた。エキゾチックな光景の町並みの上部にMiyakoと書かれた絵もあり、顔見知りの店主からこれは日本のものかと聞かれたこともあった。また、偶然テムズ川の流路を示した古地図がショー・ウインドー越しに見えたため、翌日の開店一番に行って購入したこともあった。今でも私の座右にあって事あるごとに参照する地図である。購入不可能と思われたテムズ川に関する必読書をブラックウェルズの古本のコーナーで偶然見つけた時は、手を打たんばかりに喜んだものである。この他レコードやCDや楽譜を買うのも楽しみであった。

ところで買物とは直接関係はないが、私はオックスフォードで初めて銀行に行く経験をした。それは、英国以外の国へ行く機会も多かったため、現地で使用した紙幣を英国のポンドに両替するためである。最初で最後の経験かも知れない。また、カードの通用する店ではクレジット・

カードでの買物をしていたが、これも今後はまず縁のないことであろう。床屋もオックスフォード市内の店を利用した。最初に行った時は不思議そうな顔をされ、多少手荒いカットであったが、二回目に行った折にはどうしたことか件の理容師さん、“Good morning, Sir!” と実に愛想がよい。すそもていねいにそってくれるし、前回の二倍近く時間をかけて整髪してくれた。「日本に関するテレビ番組があって面白く見た」とか、「オックスフォードは気に入ったか」とかいろいろ話しかけてくれた。その後オックスフォード滞在中は、すべてこの理髪店で整髪をした。ところで、向こうの床屋では特別に注文しない限りは、髪を洗ってくれることはなく、コレッジに帰ってから風呂で髪を洗うこととなる。

すきま風と風呂の話

そこで、風呂も含めた日常生活で少しばかり寒くて苦労をした経験を記したい。その一つはすきま風である。私の部屋にはセントラル・ヒーティングの設備はなく、書斎に一つ電熱器が備えつけられてあるだけだったため、入学後に寝室用にと小型の電熱器を一つ購入した。それでも、ベッドの上の窓枠の隙間から入り込む風は異常に冷たかった。ホール氏からお別れの際にオックスフォードで使用するようにといただいた電気毛布が、ここで大活躍するわけであるが、すきま風には閉口し、結局富士夫人にも手伝ってもらい目張りをしてしのいだ。もう一つ寒い思いをしたのに風呂がある。コレッジ内の浴室は各階に一つというケースが多いが、私の場合幸い寝室に隣接して独立した浴室があり、外から人目に触れずそこへ行ける仕組みとなっていた。自分用の風呂があることには感謝すべきであるが、浴槽に約半分ほど給湯すると湯が出なくなってしまい、およそ温まるという状況には程遠い有様である。ことにシャワーがついていなかったため、髪を洗う時には浴槽は三分の一ほどの湯で我慢し、残り湯を蛇口から洗面器に取って湯ですすぐようにした。このことからも分かるように、どうもイギリス人はゆっくりと風呂につかるという習慣はない模様である。正直いって日本の風呂が少し懐かしく思えたこともある。マサイアス先生に案内された「チェドワース・ローマン・ヴィラ」の史跡で私が見たものの一つは、かつてイギリスに住み着いたローマ人が風呂好きであったことを示していた。風呂好きという習慣は、ローマ人とともに英国の地を去ったのであろうか。それはともかく、すきま風といい、風呂といい、いずれも今となってはいい思い出だし、このような環境で生活をするのもオックスフォード大学の教育の一環なのかも知れない。

夕食

マートンの夕食は、ホールの大きさもあり、インフォーマルな夕食とフォーマルなそれとが別に用意され、前者は六時三十分から、後者は七時三十分から始まり、学生はどちらかを選択する。

インフォーマルな夕食では学生の服装は自由でセルフ・サービス、フォーマルな夕食ではガウンとネクタイの着用が義務づけられ、違反したり遅刻した学生にはビールの一気飲みの罰が下る。フォーマルな夕食ではハイ・テーブル（High Table）という食堂の奥の一段と高くなったテーブルに先生方が座り、木槌の音を合図に全員が起立し、学生の代表が前に進み出てラテン語でお祈りをして始まる。イギリス映画「炎のランナー」は舞台こそケンブリッジであるが、その一シーンに食堂の場面がある。おおよそその光景と同じである。どちらの食事もメニューはスープ、肉料理、デザートでコーヒーは出ない。インフォーマルな夕食ではスープの皿と肉料理の皿を入口で受け取りカウンターでよそってもらう。席にはソースとゆでた野菜類が別に置いてあり、めいめいがそれを取って回すこととなる。私はここで出されるゆで過ぎとも思われる芽キャベツが大好きで、いつも多く取っていたが、ある時そばにいたイギリス人の友人から何でこんな物がそんなにおいしいのかと聞かれたことがあった。フォーマルの場合は、食堂の人がサーブしてくれる。学生は飲物の持ち込みが許されるが、ほとんどの学生は水か食堂の入口から持って来たビールを飲んでいた。食堂の入口手前には、学生用のコートやジャケットをかけるフックがあり、私もたびたびこれを利用した。出る際に忘れて数日後に取りに行ったこともあったが、ちゃんと元の場所にかかっているのが常であった。この手の盗難はきわめて稀なようだ。

一方週二回ゲスト・テーブルに予約が取れると、学生もワインを持ち込み、ゆっくりゲストとの会話を楽しむ。ともかく、ロビーに設けられた席からコレッジの食事の様子を目の当たりにできるうえ、食事も手のこんだものが出されることからゲストにも喜ばれる。私も平原大使や大使館の方々をはじめとした何人かの方をお招きしたが、よいセッティングと食事にはご満足いただけた様子であった。

夕食でもう一つ紹介したいことは、毎年、一週間にわたって行われるブラウン・ライス・ウィーク（Brown Rice Week）である。これは、フォーマルな夕食に限り、ブラウン・ライス（玄米）のみが出され、アフリカの飢饉や難民救済への資金を捻出する。すなわち、学生が食事に支払う費用は通常と同じであるが、食事はブラウン・ライスのみをサーブして、差額分をチャリティに充《あ》てるのである。このようなシステムがオックスフォードにあるのは、学生たちの苦しんでいる人々への理解を増すことになり、すばらしいことである。一九八三年のミクルマス・タームには、三百二十一ポンド（一ポンドは、同年十月で日本円にして三百四十八円）がセイブ・ザ・チルドレン基金（Save The Children Fund）に送られた。私もブラウン・ライス・ウィークの期間にフォーマルな夕食に数回出たが、ブラウン・ライスだけの食事にはいささか不足気味であったものの、一つ善行をしたという満足感を味わった。ちなみに、ある学生が言うには、私が出た日のブラウン・ライスはその週の中では最悪だったとのこと。

ところで食事の費用は、手元の資料によると私の在学中マートンの朝食は四十三ペンス、昼食は七十八ペンス、夕食は一ポンドであった。学生にとっては、三食をコレッジ内でとれば経費の節約になることはいうまでもない。オックスフォードの学生はできるだけそれぞれのコレッジの食堂で食事をとるように指導されるが、中にはさらに節約を考え、朝と夜しかとらない学生もいるという。いずれのコレッジの食事も必ずおいしいとは限らない。幸い、私が入ったマートン・コレッジは、オックスフォードのコレッジの中にあって最も食事がおいしいことで知られている。それも、以前、ある学部学生が食事のまずさに窮し、金を寄付して良いシェフをやとわせて以来のことという。学生の噂では某コレッジの食事などは人間が食べうる最低のものという評判である。

コレッジ内の食事は、他の学生と知り合いになるまたとない機会である。ことに入学してまもない頃、テーブルの隣に座ったもの同士が自己紹介をし、握手をし合っている光景をよく目にする。私も食事の場を通していかに多くの学生と知り合えたことか。後でも触れるが、私が弦楽四重奏のグループを結成することができたのも、朝の食堂での一学生との出会いからである。食堂では席は自由であり、周囲に座った学生たちと実に広範囲にわたる様々な話題に花が咲く。世界情勢はもとより、政治、経済、演劇、音楽、スポーツ何でもござれである。私も日本のことや研究のことを聞かれ、逆に今まで知らなかった点を勉強したように思う。コレッジへ入った当座は、初対面の人々に次から次へと話しかけられると、応対するのに四苦八苦したが、やがて友達もできてくると会話が楽しくなり、食事の場が大切な生活の場となってきた。様々な分野の学生が同居生活をしているコレッジにあってこそ、食事の場はいながらにして自分の専門外の話や広範な知識を他の学生との会話を通して身につけられる得難い重要な機会となる。大学側が学生にできるだけコレッジの食堂で食事をするよう指導をしている理由もこのへんにあるのではなかろうか。私の母は、出発前の私にできるだけ食堂へ出ることと良い傘を買うことを勧めてくれた。今にして思うとまことに至言であり、恩恵に浴すること大であった。

しかしながら総じて学生の食事は早く、様子の分からないうちは、ことに昼食時には話をしている間に相手の皿は空っぽになり、自分の皿にだけたくさん残っていることがしばしばであったが、彼らは話をしながらでも実に上手に食事をするすべを心得ている。周囲に座った学生と誰でも自由に会話をするあたりは、日本の大学とだいぶ違うのではないだろうか。

ハイ・テーブル

オックスフォード滞在中、私は幸いマートンはもとよりマートン以外のいくつかのコレッジにゲストとして呼んでいただき、ハイ・テーブルで食事をする機会に恵まれた。

ハイ・テーブルの様子をマートン・コレッジを例にお話ししよう。まず、先生方の集会場であるシニア・コモン・ルーム（SCR）でシェリー酒をはじめとする食前酒が出される。しばし歓談ののち階下に移り、ホールのハイ・テーブルで食事となる。食事の始まり方はすでに紹介した。

私が初めてマートンのハイ・テーブルに着いて驚いたことは、並んでいる銀器であった。いちいち年代を見たわけではないが、某コレッジのハイ・テーブルには一六二四年の刻印のある銀器が置かれていた。マートンのハイ・テーブルに初めて着いた際は、その席に呼んで下さったハイフィールド先生以外は、マートンの先生方といっても初対面の方がほとんどであった。私の向かい側に座ったいかにもオックスフォードの先生というタイプの方が、私にいきなり「日本の自動車は、イギリスと同じに左側通行ですね」と聞いてこられた。とっさに私は「ええ、そうですが」と答えたが、その先生、次に隣の先生に「しかし、日本の中でつい最近まで右側通行をしていた場所がある。それは沖縄というところだ」と話された。正直いって私はこの時たいへん驚いた。マートンの先生が日本のことを話題にするだろうとは予想していたが、まさかこのような形で話を切り出すとは思わなかった。

次に驚いたことは、ハイ・テーブルの食事が学生の食事に比べてはるかに手の込んだものであることである。残念ながら手元に当日のメニューはないが、スモーク・サーモンに始まり、デザートにいたるまでのフル・コースだったことを記憶している。ハイ・テーブルでの食事は学生にとって名誉なことであるが、先生方との応対にはいささか苦労した。のちにあるマートンの友達が「みんなハイ・テーブルでの先生との会話に困るらしい。というのは、先生方はあまりにも知識がありすぎるからさ」と言ったのもうなずけたが、私にはハイ・テーブルに招待していただき食事ができたことの喜びが、食卓での会話の苦労をはるかにしのぐものであった。

次にマートン・コレッジ以外のハイ・テーブルに呼んでいただいた折の話をしよう。

サマヴィル・コレッジのハイ・テーブルには、立教大学の鵜川馨教授のお取り計らいで、同コレッジの英国中世史研究者ハーヴェイ博士のゲストとして着くことができた。ハーヴェイ博士からはご専門の話をいろいろとうかがえ、私の研究に役立ったことはもちろんであるが、そのこととならんで私が覚えている情景は、学生の席に男性が多く見受けられたことであった。サマヴィルはサッチャー首相が卒業したことでも知られているように、女性だけのコレッジとしてその名が通っている。この光景を目の当たりにし、私はとっさに隣席のサマヴィルの学長に「いつからサマヴィルは男性を受け入れるようになったのですか」と尋ねてしまった。学長はすかさず「席に男性が多いのは、今夜はゲストを呼べる日なので女子学生が男の友達を連れて来ているからです」と答えられた。何ということを聞いてしまったのかと今さらながら赤面してしまう。

この他にもエクセター、ブレイズノーズ、ウスター、モードレン、ニュー・コレッジなどのハイ・テーブルにも招いていただいた。

ハイ・テーブルに招いたゲストにきわめて面白いことをするコレッジがある。それはモードレン・コレッジである。私はモードレンに関係のあるオックスフォードの音楽仲間からの紹介もあり、同コレッジの学長からハイ・テーブルへ招いていただいた。別室で食前酒をいただくところまでは他のコレッジと同じであったが、ホールへの行き方が面白い。クロイスター（回廊）の屋根の上を全員が歩くのである。それにプラスして、ハイ・テーブルにゲストとして呼ばれた人々は、初回に限り、必ず署名をすることと、自分の体重を古びた椅子式の計測器械で計られる羽目になることである。もちろん、その時の単位はストーン（一ストーンは約六・四キログラム）であったと記憶している。

いずれも向こうで知り合いになった当該コレッジの先生ないし学長からの招待、またはサマヴィル・コレッジのように仲介によるケースもあった。セント・ジョンズ・コレッジには、たまたま知り合った日本語を勉強している同コレッジの学生から学生のテーブルに呼んでもらったし、日産のセミナー（日産が出資してできた日本研究センター、セント・アントニーズ・コレッジ内にある）に出席した際に知り合ったセント・ジョンズ・コレッジのフェローから、ゲストとしてシニア・コモン・ルームでの食事に招いていただいた。このようにして、セント・ジョンズはマートン以外で学生の食事と先生方の食事との両方を知っている唯一のコレッジとなった。学生の食事もマートンの方が多少良いとは思ったが、セント・ジョンズも決して悪くはなかった。

先生方との食事はどこのコレッジでも楽しかったが、学生の様子を見るのも面白い。コレッジによってはガウンを着用しない例もあったし、食堂が狭いためか壁際の長椅子にも学生がぎっしりと座るため、壁側の学生は出口が塞がれてしまい、食事が終わるとやむをえず、まだ食べている人もいるのに土足でテーブルの上を通って出て行く。また、某コレッジでは学生の出席がきわめて少ないので理由を聞いたところ、食事があまりおいしくないから学生がホールでの食事を敬遠するとのことであった。たかが食事のうまいまずいではないかとも思われるが、マートンのように食事がおいしいということは、必然的に学生を食堂に導き出し、お互いを知り合い、いろいろな知識を吸収するのにも役立っているように思えた。なお、イギリスの食事については様々な議論があるようだが、ある私の友人は「イギリス人は食事には気を遣わず、家をどうきれいにするかに関心がある。ペンキ塗りなどもその例だ。フランス人はその逆で、食事は重要視するが家については あまり気を遣わない」と言った。この発言の当否も含め、皆さんはどう考えられるだろうか。

食事が終わると別室でポート・ワインを筆頭に、マデイラ酒（Madeira ポルトガル領の沖合いの島で産出する赤のデザート・ワイン）と甘口の白ぶどう酒（だいたいボルドー産のソーテルヌ）が果物とともに出されるが、この回し方が面白い。めいめいが自分のグラスに注いで必ず時計回りに次に回す。私も最初のうちは方向を間違えそうになったが、その時の先生方の慌てようを見ると何かその方向に意味があるように思えた。数人の先生にうかがうと「そういう慣習だ」という答えが多かったが、マートンの法律の先生の答えはユニークであった。すなわち「そうするのは、ウィッチ（魔女）に負けないためだ」とのこと。中世を通じてウィッチの存在は特異なものであったといわれており、さもありなんと思った。また、ハイフィールド先生によれば、テーブル・プランがテーブルの主人役（学長であることが多い）の右手に主賓《しゅひん》が座るようになっているため、主賓↓主人役の順でポートを回すと必然的に時計回りとなるとの説明であった。その場合、イギリスでは多くの人が右利きなので、グラスは右前方に置かれる。ポートはいささか重いデカンターに入っていることもあり、右側から右手で受け取る方がやりやすいとも言われた。なお、イギリスでポルトガル産のポートが愛飲されるようになったのは、十八世紀初めにポルトガル駐在の英国大使メスエンとポルトガル政府の間の交渉で、ポート酒の関税が下がり、ポートがフランス産のワインに取って代わるようになったとのこと。ポート酒の名の由来は輸出港であるポルトガルのオポルトからきていることはいうまでもない。

夕食後の過ごし方はまちまちであった。テューートリアルが迫っていたり、研究に集中する必要がある時は、自室で過ごすこともあったが、友達のフラットを訪ねたり、訪ねられたり、コンサートに行ったり、MCRで過ごしたり様々である。ところで、かつてオックスフォードでは門限を過ぎてからコレッジに帰る場合は塀をよじ登ることが名物となっていた。マートンの正門は、学期中は夜の十二時、休暇中は十一時で閉まるが、学生は裏木戸の鍵を入手できるため、鍵を持っている学生は閉門に遅れても塀をよじ登ることはしないですむ。この状況は他のコレッジでも同じにちがいない。

週末の過ごし方

週末には、テニスや音楽に興じたり、友達の家を訪ねることもあったが、オックスフォード市内の写真を撮って回ったり、近郊のドライブも大きな楽しみであった。ドライブについては別に述べるとして、私が週末にした大きなこととして洗濯を挙げなければならない。幸い私の住むセント・オーバンス・クオッドの地下にはいわゆるローンドリーがあり、洗濯機が三台と乾燥機が二台備えつけられ、そばに乾燥室もあった。私もマートンに入学してからこれらの機械の使用法を聞き、ほぼ週末になるたびに利用した。要は洗濯物を機械の中に入れ、適量の洗剤を注ぎ、お金を入れるだけのことであったが、慣れない私には興味津々であった。

初めてここを使用した時に大失敗をしでかした。私は手順どおりに機械の中に洗濯物を入れ、洗剤を注ぎ、お金を入れた。四十分ほどで出来上がると聞いていたので、四十分後に再び地下のローンドリーに行ってみた。すると、あたりは泡だらけである。よく見ると泡は明らかに私が使用した洗濯機から流出している。そばにはあきれ顔の一人の学生がいた。「これは、君のか。泡があふれているよ」と彼は言った。洗濯物の詰めすぎであった。彼に詫びを言ってその場はどうにかしのげたが、今でも笑ってしまう。彼はＭＣＲのメンバーでドイツ人のＨ君といい、これが縁で知り合いになれた。洪水の収穫であろう。

洗濯が出来上がると、後は乾燥機に入れればよい。このタイミングは微妙であり、使用する学生が多い時などはうっかり遅れると自分の入れた洗濯物が機械の上に展示されることになる。次の学生が前の人の洗濯が終了したと見るやいなや、洗濯物を取り出して自分の物を入れるからである。私も幾度かこういう目にあったが、物がなくなったことは一度もない。乾燥後のワイシャツなどは、アイロンが必要である。私は入学直後に町でアイロンとアイロン台を買い入れ、アイロンのかけ方を警護官の一人から教わった。それほど難しくもなく覚えられ、留学中には自分の物はすべて自分でアイロンをかけた。オックスフォードならではの経験である。

ところで、今までたびたび警護官について触れているが、ここで改めて彼らを紹介しよう。私がオックスフォードに滞在した二年間、私の身辺警護にはロンドン警視庁から二人の警察官が選ばれて当たってくれた。一人はロジャー・ベーコンといい、表現するのは難しいがいかにもイギリス人らしい人、もう一人はブルース・エアーといって、スコットランドなまりがあるが聞きやすい英語を話し、愛敬のあるなんとも対照的な二人である。彼らが一週間交替で私の隣の部屋で日夜警護に当たってくれた。私にとっては、彼らは警護という役割を越えて、イギリスのことを知るのには絶好の先生でもあったし、いろいろなアレンジを頼んだり、読みにくい史料を解読する手助けをしてもらったり、手紙を見てもらったり、事務官のような役割もしてもらえた。私が移動する時は彼らも一緒に行動するが、その付き方は実にうまいものであった。なお、ベーコンといえば、イギリスの著名な科学者、ロジャー・ベーコン（一二一四〜九四）を思い浮かべる方もおられようが、彼はオックスフォードのフォリー・ブリッジ（Folly Bridge）の近くに住み、天文観測をしており、その建物は、後世大金をかけて再建されたという。人々はその建物に「ばかげた」建築物を意味するfollyの異名を与え、Folly Bridgeの名の元となったという。また、市内にロジャー・ベーコン・レーンという小路があり、警護官のロジャーはそれを見つけて喜んでいた。一方ブルースの口癖は、“Oh dear!”である。何かというとこの言葉が口に出る。彼らとの二年間、不愉快な思いをすることは皆無であったし、二年間を有意義に使えたかげには、彼らの尽力があったことも忘れることはできない。

家族の訪問

オックスフォードで一人で生活していた私にとって、家族の訪問はたいへんに嬉しいことの一つであった。一九八四年の二月後半、私の両親がアフリカを訪問する途次にベルギーに立ち寄ると、ベルギー国王陛下は温かいご配慮で私をブリュッセルに呼んで下さり、久々に両親と再会し、国王王妃両陛下とご一緒に実に楽しいひとときをもつことができた。国王王妃両陛下と両親とが長い間大切にされてきた友情があってこそ、このような願ってもみなかった再会が実現したものと心から感謝している。両親は引き続き三月にはアフリカからの帰途ロンドンに立ち寄ったので、オックスフォードを案内することができた。オックスフォードへの道すがらホール邸を訪れ、ホール氏一家とともにティーを囲みながら、私が三カ月間滞在した場所を見てもらうこともできた。私の生活ぶりについては折に触れ手紙で報告はしていたが、実際にその場所に行くのとは大きく違う。マートンでは、リチャーズ学長、ハイフィールド先生とともにコレッジ内を案内し、私の数人の親しい友達を紹介できた。リチャーズ学長はシニア・コモン・ルームを会場として昼食会を主催され、ここにはマサイアス先生、ハイフィールド先生や、マートン・コレッジの学生も数人参加した。この日の昼食は、マートンの顔見知りのシェフがコモン・ルームの入口付近で肉を焼いてくれるなど、私がマートンで食べた食事の中でも一、二位を競うおいしさであった。

リチャーズ学長の細かい心くばりと、そこに同席したシェフを含むマートンおよびオックスフォード関係の方々の温かい配慮が、遠来の両親に対して向けられていることが無上に嬉しかった。

午後は市内を案内した。まず、オックスフォード市を一望にするセント・メアリー教会の上から、オックスフォードの町並みを説明した。また、マートン以外のコレッジでは、ニュー・コレッジとユニヴァーシティー・コレッジとを案内した。私の父は、一九五三年にエリザベス女王の戴冠式に十九歳という若さで出席し、オックスフォードも訪れてユニヴァーシティー・コレッジの学長宅に泊まっている。その際植樹した桜の木が、三十一年を経て大きく成長している様子を目の当たりにして、嬉しそうであった。また、父が泊まったコレッジの部屋も当時とは様子が変わっているようであったが、懐かしげな父の表情が忘れられない。ユニヴァーシティー・コレッジからは、ハイ・ストリートを横切り、私がテュートリアルを受けていたオール・ソウルズ・コレッジへ向かった。マサイアス先生の案内で先生の部屋の中に入り、テュートリアルの時はこういうふうにと、マサイアス先生がソファーに腰掛け、私もそれにつられてそばに座った。テュートリアルの忠実な再現であった。

オックスフォードからは、ブロートン城を訪れ、セイ・アンド・シール卿ご夫妻とお子さんのウィリアム君に迎えてもらい、温かい歓迎を受けた。水入らずの実に楽しいひとときであった。両親ともにリラックスし、楽しんでいる様子がはたからもよく分かった。ことに、オックスフォードおよびブロートン城の計画は、私が大使をはじめ大使館の方々とアイディアを出し合って協議したものであり、長旅の後の疲れも心配したが、喜んでもらえた様子がとても嬉しかった。その晩レイディー・セイのヴィオラと母のピアノ、私のヴィオラを交えて合奏をした。久々の家族との合奏であった。

同年の七月末には、妹の清子がホール邸に数日間ホームステイした後オックスフォードを訪問してくれた。マートン・コレッジやオックスフォード市内、オックスフォードから五十キロ程北西のブロードウェイという美しい町を案内し、丘の上からの眺望を楽しんだ。中でもクライスト・チャーチ・メドーとブロードウェイ付近の田園風景は気に入った様子であった。一九八五年の三月には弟の秋篠宮がオックスフォードを訪ねてくれたので、マートンのチャペルのタワーとクライスト・チャーチ・メドーを中心に案内した。チャペルの塔の上では、ハイフィールド先生がオックスフォードの建物について説明をして下さった。夜は私が時々行く中華料理店に案内した。弟は大学で覚えた中国語で店員と上手に会話をしていた。弟は後年オックスフォードへ留学したが、その時の手助けが少しできたのであればと思っている。二年間の滞在中に家族全員が訪ねてくれ、自分の生活している場所を案内できたことは大きな喜びであった。

オックスフォードの学生とともに

(1) フラットの訪問、外出

マートンのありふれた日常で、友との語らいが弾むのはいうまでもなく夕食後のひとときである。ここで、オックスフォードを中心とした私の交友録を紹介したい。

マートンに移ってまもなく、私はとても愉快なカップルと知り合うことができた。男性は私と同期の入学で、同じコレッジで英文学を専攻している。一方女性はオックスフォード以外の大学で研究していたが、しょっちゅう一緒だったのでマートンの学生ということで誰も疑わなかった。P君とそのフィアンセと名乗るカップルには留学中実によくしてもらい、彼らの存在が私のオックスフォード留学をより楽しいものにした。P君とは入学して最初のMCRのディナーで話をしたのが知り合うきっかけで、それ以後彼らはよく私の部屋に遊びに来てくれた。P君は尺八を習い、フィアンセは日本のデザインに関心をもっており、二人とも日本についてひじょうに興味を示していた。彼らはある時私に、英語のlazyに当たる日本語は何であるかと聞いてきた。そこで、私はlazyは「怠け者」であると教えたところ、P君はすぐに覚え、フィアンセを指して「怠け者」と言っている。彼らは今でもいくつかの言葉をしばしば私への手紙の中で使用している。また、Your Highnessに当たる日本語も聞いてきた。そこで私は「殿下」であると教え、よせばいいのに天井の電気を指して、これはデンカではなくてデンキだから混同しないようにと言ってしまった。しまったと思った時は後の祭りで、彼らは私を指してデンキと言ったり、天井の電気を指してデンカと言ったりするようになってしまった。ある時はP君が尺八を持参し、私に吹いてみるように勧めてくれたが、さっぱり音は出なかった。それに反して、彼はなかなか良い音を出すように思った。"I am Samurai!"とは尺八を吹く時の彼の口癖である。

私が自室に迎えた学生は、彼ら以外にもいる。マートンの入学式でそばを歩いてくれたJ嬢もその一人である。彼女は日本語を勉強し、訪日の経験もあるため、日本人にとっての英語の難しさなどについてもよく話をした。ところで、私は訪ねて来た学生に持ち合わせの煎餅を出すことがあった。海苔の巻かれた煎餅は好む人とそうでない人とがはっきり分かれ、興味をそそられた。イングランドの人は海藻に抵抗があるのだろうか。後にウェールズに行った折、「私たちは日本人と同じく海藻を食べます」とスピーチをした方があったが、これは海藻を食べることに関して、ウェールズ人の方がイングランド人よりも日本人に近いという意味が言外に含まれているのかも知れない。

ところで、P君たちとはよくパブにも一緒に行った。音楽の項目で紹介するターフ・タヴァーン（Turf Tavern）は、私たちの行きつけのパブである。彼らからパブ・クロール（pub crawl）なる言葉を教わった。パブをはしごする意味だそうだが、彼らによると少なくとも十軒は立ち寄り、一パイントずつ飲むことをいうのだそうだ。事の真偽はともあれ面白いことを教わった。また、某パブでは彼らの勧めで、次から次へ違った種類のビールを試した。ビターといっても実に様々で、ラガー・タイプにもいろいろな種類があることも分かった。パブといえば、オックスフォード近郊のテムズ川沿いにも実に周囲の景色のきれいなパブがある。パーチ（The Perch 魚のスズキの一種）という名のパブは、オックスフォードの北部にあり、庭には食事ができるようなテーブルと椅子がしつらえられ、そこからはテムズ河畔を歩くプロムナードが延びている。夏場にここで昼のひとときを過ごすのは実によいものであった。またパーチからそれほど遠くないテムズ川の川べりにトラウト・イン（Trout Inn）というパブがある。パブからは常に堰《せき》を流れる水の音が聞こえ、パブの前に架かる中国風の木造の橋がある種の異国情緒を生み出し、川とパブの風景に花を添えている。一度私は警護官と一緒にマートンから件のパーチ、トラウト・インおよびホワイト・ハート（White Hart）の三軒のパブを自転車ではしごしたことがある。

彼らとはパブに限らずレストランにも足を運んだ。オックスフォードには日本料理店はないものの、中華料理、インド料理をはじめ、イタリア、フランスなど各地の料理店があった。私は幸いマートンの食事が口に合い、日本食を食べたくなったことはあまりなかったが、それでも中華料理やカレーはそれほど値も張らず、味はどことなく日本を思わせた。ピザやスパゲッティの店も私たちがよく行ったスポットである。タラ、ニシン、カレイなどの白身の魚を揚げ、揚げジャガイモを添え、酢をかけて新聞紙にくるんでもらうフィッシュ・アンド・チップスも食べに行った。ちなみに、このフィッシュ・アンド・チップスは、産業革命期に労働者の蛋白源《たんぱくげん》として重要な働きをしたというから、私が研究対象としている時代の味の一つといえよう。

MCRのメンバーと誘い合わせて、カクテルを飲ませるパブ風の店に行ったこともある。この時は、どんなカクテルか分からなかったため、めいめいが別々のカクテルを注文し、多少行儀は悪いがストローで他人のカクテルを賞味した。市内のディスコにも行ってみた。ここでも傑作な経験をした。土曜日の晩と記憶しているが、私はいかにもディスコが好きそうなMCRのある男性と一緒にとあるディスコに入ろうとして、入口で差し止められてしまった。理由を聞くと、ティーシャツやジーンズではその晩は入れない由である。ちなみに私がジーンズ、友達がティーシャツ姿であった。さらにその人は私たちの後方にいた警護官を指差し、「あなたは結構です」と言った。彼はネクタイこそしめていなかったが、ブレザー姿であったから許可されたのであろう。オックスフォード滞在中は、可能な限り他の学生と同じでありたいというのが私の本心であり、自分が誰かを名乗るなどとんでもない話である。素直にそのままあきらめて帰った。オックスフォードのディスコでも、週末にはある程度の服装を求められるという新しい知識を得ることができた。

私はオックスフォード滞在中は、外出時にはできる限りジーンズなどのラフなスタイルで歩くようにしていた。私と顔を合わせた日本からの観光客も最初は目を疑ったらしい。若い女性から目の前で「ウッソー!」と言われた時は、「ウッソー!」の本義を知らず、どう反応していいか迷った。ディスコの件は一度目は失敗に終わったが、二度目はMCRの女子学生も含む男女混合のメンバーで、平日に前回とは違うディスコへ行った。生まれて初めて入るディスコのこと、内部の騒音は聞きしにまさるものと思った。フロアーは若い人々が中心で、それぞれのステップで踊っている。私もまったく自己流のステップで踊りの仲間入りをし、MCRの女子学生と向かい合って踊ったりしたので、退屈するようなこともなかった。ディスコを後にしたのは夜中の二時を回っていた。私にとって生涯最初で最後のディスコであったかも知れない。

友達のフラットを訪ねた時のことを話そう。ある時、MCRで会計を担当していたベジタリアンのC君のフラットで、彼の友達とC君お手製のベジタリアン・ディッシュをご馳走になった。その味は何ともユニークというか、あまり私好みではなかったと記憶しているが、それ以上にこの日の話は面白かった。C君は自らも映画を製作するほどたいへんな映画好きで、話は実に多彩で、その晩は楽しい映画の話に興じたことはいうまでもない。ちなみに、彼のようにコレッジ外のフラットに住んでいる学生は、キッチンもついているため自炊が可能である。二年目に、おいしいワインとチーズを食べに来ないかと誘われて、MCRの会長をしていたアメリカ人のM君を訪ねたこともある。彼のフィアンセがフランス人ということもあり、その日のチーズの種類の多さには驚いた。フィアンセと数人のMCRのメンバーも同席したが、チーズとワインについていろいろなことを教わった晩であった。

M君も大の映画好きで、夕食後MCRの部屋を使ってM君とC君が推薦するビデオを見る企画も行われ、私がヒッチコックの作品をあまり見たことがないと言うと、率先して借りて来てくれた。「サイコ」、「鳥」、「裏窓」は良かった。また、MCRのメンバーがそろってテレビでヴィスコンティの「ベニスに死す」を見た時は、興奮してしばらく寝つけなかった。ビデオにしてもテレビの映画にしても、必ずM君かC君が親切に知らせてくれた。そして、鑑賞中にいつもリキュールのシャルトルーズの入ったグラスを持って来てくれるのもC君であった。後で知ったが、飲料はすべて彼のおごりであった。

他にもいくつかのフラットを訪ねている。オマーン国からの留学生の家に招待されて向こうの料理をご馳走になったり、コレッジを異にするシンガポールの留学生から昼食に呼んでもらい、しゃぶしゃぶに似たシンガポール料理をご馳走になった。また、アメリカ人の学生K君の家へ夕食に招待された折には、K君の兄弟や従兄弟でオックスフォードに来ている人々が一堂に会し、にぎやかな夕食となり、食後にはバンジョーの合奏を楽しんだ。K君の長兄のR氏は同時期にニュー・コレッジの先生をしており、ニュー・コレッジのハイ・テーブルにも呼んでもらった。R氏は私の滞在中にアメリカのプリンストン大学へ赴任したが、一九八五年、留学からの帰途アメリカに立ち寄った際、ウェスト・バージニアにあるK君の家へ一泊することができ、R氏の勤務するプリンストン大学を訪れた時、女優のブルック・シールズに会えたのも彼の計らいであった。

(2) サークル活動などを通して

オックスフォードには様々なサークルがある。私が直接関係したサークルには、オックスクスフォード大学日本ソサエティ（以下「ＯＵＪＳ」）と空手部、柔道部、演劇部があり、いずれも名誉会員や名誉会長という資格で参加した。ＯＵＪＳは、オックスフォードで日本語を勉強している学生と日本人学生を中心に構成され、日本の文化や社会に関する講演会を開催したり、日本映画の上映、茶道のデモンストレーションを行ったり、日本食を実際に振る舞ったりして、日本文化の紹介に貢献している。ＯＵＪＳの各学期ごとの活動は印刷物で知らされるので、興味がある催しには都合がつく限り出席した。小津安二郎や溝口健二が監督した有名な作品を見られ、はからずも英国の地で日本映画を堪能することができた。もちろん映画は英語の字幕付きである。また、日本食やビールの会は、通知に'With sample'と書いてあったせいもあってか、盛況であった。この他夕食会や、琴の演奏会にも参加したが、日本に関心の深い常連のオックスフォードの学生や日本の留学生に数多く出会えたのは何よりの収穫であった。

ここで、日本語の授業を見に行った時の話をしよう。その日の授業は会話のクラスで、日本語の特質および日本語学習について、日本語で討論していた。この日の大きな話題は日本語と漢字についてであった。日本語から漢字をなくしたらどういうことになるか、物を読む苦労もなくなるし、他の語学を勉強する時間ももう少し取れるのではないかといった意見も出た。私にもコメントが求められた。私は、表意文字としての漢字が使われていることにより文章を早く読み取ることができるし、日本語に多い同音異義の語を識別できる。例えば「カミを切る」と言った場合、髪と紙どちらのカミを意味するだろうか。おおよそこのようなことを言ったように思う。この時に授業に出ていた学生の一人は、現在日本美術の研究者として活躍している。彼はセント・ジョンズ・コレッジの学生で、コレッジの夕食にも招いてくれた。日本語を勉強している学生がいずれも感じのよい学生であるということは、私にとっても嬉しいことである。今後の日英関係に彼らは大きな役割を演じることであろう。

空手部との縁は、たまたまMCRに空手部のメンバーがおり、誘われて練習を見に行ったことに端を発する。私はまったく空手の心得はないが、オックスフォードの学生がどういう関心から空手を始めたのか、またその練習ぶりはどんな様子か興味はあった。たまたま、アメリカで教えている日本人の空手の先生が当地を訪れており、オックスフォードの空手部も指導していたことから、練習の様子をつぶさに見ることができた。しばらくして、先方からの話で同部の名誉会員となり、在学中何回か練習に立ち会うことになった。型の名前はすべて日本語を使い、「先生」という言葉も学生がごく自然に使っていた。一度は、練習終了後にビールを飲み、ジョッキを傾けながら部員とゆっくり話す機会もあった。数人の女性を含む部員には、精神の鍛錬を目標に空手を始めた人が多かったのが印象的であった。柔道部からはオックスフォードを去る直前に名誉会員にしていただいたために、練習を見ることはできなかった。しかし、数名の部員を私の部屋にティーに呼び、話をすることができた。昨年、オックスフォードの柔道部の人たちと東京で会うことができたのも、この時の縁からである。演劇部については、別の項目で触れよう。

(3) オックスフォードの学生、先生と接して

オックスフォードの学生は一般によく勉強する。それはテューートリアルの効果が大きく、学部学生の場合でも俗にコレクションズ（Collections）と呼ばれるテストが学期ごとに行われ、学力診断が頻繁になされることとも関係する。また、学生は自分自身の意見をはっきり表明する。それはゼミナールや種々の討論会の時などはもちろん、日常会話の節々にも現れる。テューートリアルの時には、エッセイに自分の意見が入っていなければ、先生に満足してもらうことはできない。

私が接した多くの学生がひじょうに幅広い教養を身につけていることも驚いたことの一つであった。特に、彼らは何人かが集まった時の話題の出し方がとても上手であり、居合わせた人すべてが何らかの興味を示しそうな話を選び、それを発展させていく。一言でいえば社交上手である。パーティーの席などではそれが遺憾なく発揮される。私も誕生日にマートンの学生を数十人招いてパーティーをしたが、ホストである私は会をうまく運営しようと心配するまでもなく、彼らが上手に会を盛り上げてくれた。心配は、むしろ日本酒を普段飲みつけない学生がいともおいしそうに賞味していたことであった。案の定数人が二日酔いの憂き目にあったという。

ところで、彼らの日本に対する興味は科学技術および経済に関するものが多く、文化に対しては、きわめて特色あるものとは認めながらも、いま一つよく分からない様子であった。要するに、何々会社がどんな製品を作り、どんな点に特色があるといったことはよく知っていても、中には日本が赤道の北にあるのか南にあるのか分からない学生もいた。そうはいっても、「折り紙」や

「盆栽」といった言葉がすでに多くの学生の間で知られていたのは嬉しいことであった。

学生の身なりが質素な点も一つの特色であろう。また、それと同時に服装がバラエティーに富むことも見逃せない。すりきれたジーンズ、つぎのあたったセーターを平気で着、それでいて色の組み合わせなどにその人独自の個性が見られる点も面白い。夕刻になると、パーティーに行くためかディナー・ジャケットに身を包んだ学生の姿をよく見かける。特に女性が普段地味なのも、ひょっとすると彼女たちの着飾る場所がオックスフォードには多いせいなのかも知れない。つまり完璧に着飾った自分たちを知っており、それができる自信が、通常の服装をかえって目立たなくさせているようにさえ思えるのである。

オックスフォードでは学生はたいがい自分の自転車を持っている。オックスフォード市には一方通行の道が多く、市中心部の道路は大半が駐車禁止であることから、自動車はむしろ不便で、図書館や研究施設に自転車で通う学生の姿が多く見られる。私が初めてオックスフォードで自転車に乗った日、これを見たある学生が、私に「ああ、君もこれで本当のオックスフォードの学生になったね」と言ったが、それほどに学生と自転車は切りはなせないものとなっている。どの学生の自転車も相当年季が入っており、前輪と後輪とが乗っているうちにバラバラになりそうな代物が多い。自動車となると、持っている学生はかなり限られる。コレッジ内に住んでいる分には、どこに行くにも自転車の方が便利だからである。しかし、外部に住んでいる学生はその限りではない。私も大学院生の車に乗せてもらったことがあったが、これもいつこわれるか分からないような相当古いものだった。服装といい、乗り物といい、古くて多少きたなくなっても使っているのは、オックスフォードでの一つのファッションなのであろうか。

このように見てくると、オックスフォードの学生はすべて優等生と思われるかも知れないが、実はオックスフォードにはずいぶん変わった学生もいる。先に紹介した額に常に星のマークをつけている女子学生をはじめ、パンク・ファッションの学生もいないわけではない。また、あまりに頭が良すぎてとてもその人の発想についていけないこともあった。頭がいいといえば、私が入学した年、オックスフォードに弱冠十三歳の数学専攻の女性が入学したが、他のどの学生よりもよくでき、三年間在学しなければ卒業できない決まりがあるにもかかわらず三年目に受ける試験を二年目で受けてしまった人がいた。

変わっているという点では、ドンと呼ばれるオックスフォードの先生の方が面白い。見かけからしていわゆるエクセントリックな先生がいる。真冬でもワイシャツ一枚で出歩いたり、髪の毛をいっさい切らなかったり、窓のカーテンをすべて閉めきって研究をしていたり様々である。しかし、総じてオックスフォードの先生はまるで歩いている字引のようにものをよく知っている。学生がハイ・テーブルに招かれても、先生方はあまりに頭が切れ知識が多いので、会話に困る学生もいるといった話はすでにした。マートンのある先生がクイズに出て、ただ一人の全問正解を遂げたとのエピソードも伝え聞いた。オックスフォードの先生でその名のよく知られている人に、『不思議の国のアリス』の作者ルイス・キャロル（本名はドッジソン）がいる。彼はクライスト・

チャーチ・コレッジで学び、そのコレッジで数学を教えていた。『不思議の国のアリス』は同コレッジのリデル学長の三人の息女と一人の同僚とともにテムズを船で遡る際に、彼女らの頼みに応じてルイスが語った次女のアリスを主人公とする物語である。また、映画「アラビアのローレンス」の主人公ローレンスもオックスフォードのオール・ソウルズ・コレッジの先生であった。

オックスフォードの学生・先生についてあれこれ述べてきたが、私がオックスフォード在学中、マートン・コレッジのリチャーズ学長、マサイアス、ハイフィールド両先生にお世話になったことは実に幸せであったと思っている。マサイアス、ハイフィールド両先生とのことについては後で述べるが、リチャーズ学長が学長として私に示されたご好意には感謝の言葉もない。学長とご一緒できたのは一年ほどであったが、その間、学長は私をティーに呼んで下さったり、学長宅に他の学生とともに食事に招いて下さったりした。そして常にマートンでの生活の様子を気にかけておられた。私がオックスフォードを去るしばらく前には、次期の学長であるロバーツ博士が来られたが、リチャーズ学長は私のマートンでの生活の大切な時期を見守って下さったかけがえのないお一人である。

ところで、私は最近アダム・スミスの『国富論』を読む機会があった。彼は、一七四〇年から足掛け七年近くオックスフォードのベイリオル・コレッジに、奨学金を受けて在籍している。そこで、スミスの見たオックスフォード大学は、「オックスフォードの大学では、正教授の大半は、ここ多年にわたり、教えるふりをすることさえ、すっかりやめてしまっている」（『国富論』大河内一男監訳、中央公論社）というさんたんたる状況を呈していたようだ。二百五十年たった今、少なくとも私の見たオックスフォードはスミスが指摘したことはみじんも感じさせない学問的、教育的雰囲気に満ちた学園であった。

6 オックスフォードでの芸術活動

映画、演劇、音楽鑑賞

オックスフォードで繰り広げられるイベントは実に多彩である。映画、音楽はもちろん、演劇やミュージカルその他様々なものがある。市内にはザ・フィーニックスやABCシネマなどの映画館があり、私も良い映画と好評のものや興味のあるものが来た時は、英語の勉強も兼ねてしばしば出かけて行った。「ガンジー」についてはすでに触れたが、この他、007シリーズの「オクトパシー」やデビッド・リーンの「インドへの道」は面白かった。ことに後者は、映像といい取り上げた対象といい良くできていると思ったし、助演女優のペギー・アシュクロフトの演技のうまさとも相まって忘れられないものとなった。ある時、マートンの学生で某国出身の友人から、まだ見ていない自国の映画があるのでと誘われ、数人の学生と見に行ったことがある。しかし、結局何か分からない映画で、後でその友人にひとしきり謝られたが、映画というものは本物を実際に見なければ良し悪しも分からないのではないだろうか。

演劇では、オックスフォード大学の演劇部が管轄するプレイ・ハウスという劇場に数度見に行ったことがある。それは演劇部（いわゆる「OUDS」）がふとした縁から私を名誉会長に選んでくれたことによる。一度プレイ・ハウスでの公演の終了後、演劇部のOBも含めたレセプションに出席した。そうそうたる名優が多かったと思われるが、私には残念ながら面識がなく、顔と名前が一致しなかった。この時知ったことだが、ペギー・アシュクロフトやジョン・ギールグットをはじめ、リチャード・バートン、ピーター・ブルックといった演劇界で名の通った人々が、OUDSのメンバーでないにせよオックスフォードと深い関わりをもっていたという。オックスフォードの演劇部は、私の帰国後の一九八八年に来日公演をしたが、その折私は新宿の東京グローブ座でシェークスピアの「お気に召すまま」を鑑賞した。実に見事な公演だったし、ちょっぴりオックスフォード時代へのノスタルジアを味わったひとときでもあった。

ホール邸滞在中にストラットフォード・アポン・エイボンへ行き、シェークスピアの「ヘンリー八世」を鑑賞したことはすでに述べたが、入学後も、ストラットフォード・アポン・エイボンのロイヤル・シェークスピア劇場へは、MCRの学生らと誘い合わせて「十二夜」や「間違いの喜劇」などを観に行った。いずれも台詞が難しいので、あらかじめストーリーを読んでから出かけたため、筋自体は何とか追えたが、「間違いの喜劇」の演出がきわめてモダンだったことには驚いた。何しろシェークスピアの劇に自転車に乗った今風の警官が登場するのである。「シェークスピアがアプルーヴするかね」と、終演後に一緒に行った学生の一人がぽつりとつぶやいたことを記憶している。

オックスフォード大学の演劇はなかなか盛んで、各コレッジでは夏になると有志が集い、屋外で劇を披露する。マートンでは、裏庭の仮設ステージで上演された。もちろん有料ではあるが、休憩時間にはアルコール飲料のサービスもあり、なかなか気が利いている。一年目の夏にはなんということもなく出かけて行ったが、二年目の夏には、カナダ人の友人から門番の役で出ているからぜひ見に来てくれと誘われ、数人の学生と連れ立って行った。彼は突然舞台に現れ、台詞をふたことみこと言ったかと思うとまたそそくさと退場する役ではあったが、知人が出ている劇となると見方もそれなりに違ってくる。私はよく役の感じも出ていたと思ったが、そばにいた友人は何かいま一つという印象だったようだ。劇の模様は、私の部屋からでも双眼鏡を使用すればよく見えたので、うまくすると無料で劇の一部始終を見られるわけであるが、やはり全然雰囲気が違う。このようにマートンの庭で劇が連日続いていたある夜、私は自室で勉強しながら時ならぬ「ゴー」という音を耳にした。外はザーザー降りの雨である。劇はと思って裏庭を見ると、ステージには煌々《こうこう》と明かりがつき、続行している。観客はと見ると濡れるに任せている。やがて、いかにもイギリスの天気らしく雨は上がったが、出演者はもとよりお客さんも含めて大変だったろう。聞くところによるとハイフィールド先生もこの雨の犠牲者の一人であった。

また別の日、大学内の有志のプロダクションによる「真夏の夜の夢」がモードレン・コレッジの庭で上演されると聞き、出かけてみた。私が感心したのは、劇に登場する妖精たちがすべて体を黒く塗って出てきたことである。これはよく行われる演出方法なのかも知れないが、いかにも闇の中で傍目《はため》には分からないようにうごめく妖精たちにふさわしい演出と思った。

コンサートにもしばしば出かけた。演奏者は、オックスフォードの大学生を中心とするもの、英国内のプロもしくは海外の演奏家のものなど様々であった。コレッジ主催のコンサートでは、コダイ・クワイアーのマートン・コレッジのチャペルでの演奏会およびニュー・コレッジのクワイアーによるシェルドニアン講堂でのハイドン作曲「天地創造」の公演が秀逸だった。この講堂は、ハイドンが一七九一年にオックスフォード大学から音楽の名誉博士号を授与されたお礼にと、今まで作曲した数多くの交響曲の中から一曲を選んで演奏したゆかりの場所であり、この曲が今日では九二番の「オックスフォード交響曲」として親しまれていることはご存じの方もおられよう。それだけに、この日の演奏がハイドンときわめて関係の深い場所で行われたという点からも印象深いものがあった。この他、クイーンズ・コレッジの室内楽グループの演奏会に、たまたま前日テニスをした同コレッジの学生に誘われて行ったりもした。指揮をしていたのは、はからずもブレイズノーズ・コレッジで音楽の教鞭をとっている私の音楽仲間の一人であった。

オペラの鑑賞も楽しいものであった。この中には、ロンドンのコヴェント・ガーデンでチャールズ皇太子、ダイアナ妃両殿下とご一緒に鑑賞したムソルグスキーの「ボリス・ゴドノフ」や同劇場からの招待でみたロッシーニの「セビリアの理髪師」などもあるが、私にはそれ以外でもグラインドボーンのオペラを二回も見に行ったことが印象深い。曲は、最初の年はリヒャルト・シュトラウスの「アラベラ」、二度目はロッシーニの「シンデレラ」である。グラインドボーンはロンドンから南へ八十キロ程のところにある町で貴族の邸宅を使って毎年オペラのコンサートが開催される。男性はディナー・ジャケットに身を包み、婦人も着飾り、休憩時間にはグラインドボーン名物のピクニック・スタイルの夕食を楽しむ。すばらしいオペラを鑑賞し、当日招待して下さった方々とともにとったピクニック風のおいしい夕食と楽しく弾んだ会話は今でも鮮明に記憶している。

もう一つ、オックスフォードのオペラで忘れられないものがある。それは、英国のオペラ劇団が市内のアポロ劇場でワグナーの楽劇「ニュルンベルクの名歌手」を英語で演じた公演である。ワグナーのオペラを英語で聴くことにはたいへん興味があった。原曲の美しさが失われないか気がかりではあったが、心配したほどではなかった。休憩時間に偶然見に来ていたMCRのメンバーに感想を聞いたが、この点への意見は大方同じであった。MCRのドイツ人学生にも意見を聞こうと思ったのだが、ついに現れず、確認できなかった。長いオペラのため休憩も数度あり、長い休憩には座席で持参したサンドイッチをほおばった。かなり多くの観客も同様であった。ちなみに、この日の開演は午後五時、終演は十時五十分である。隣の警護官ブルースは最初はげんなり気味であったが、終了後一言“Not too bad.”とつぶやいていた。

コンサートの話の最後に紹介したいのは、オックスフォードのホリウェル通りに面したホリウェル・ミュージック・ルーム（Holywell Music Room）の存在である。この音楽ホールは一七四〇年代に完成したヨーロッパで最も早くできたといわれる演奏会用のホールである。私は、このホールへは頻繁に足を運んだ。アレグリ・カルテットの演奏会を聴いたのもこのホールだったし、十一月初旬のある寒い夜に英国人の歌手によるシューベルトの「冬の旅」を感慨深く聴いたのもここである。日本の尺八奏者による演奏会を、尺八をたしなむ例のP君と誘い合わせて聴きに行ったこともある。洋楽用のホールではあるが、尺八の音色も豊かに響いたように思った。なお、このホールは先述した私の行きつけのパブ、ターフ・タヴァーンに程近く、コンサートの終了後一緒に行った友人とビールを飲みながら語り合った音楽談義も私の留学中の貴重な思い出である。

この他に忘れられないのが、イギリスのマン島（Isle of Man）で行われた国際ヴィオラ学会への出席である。マン島は、イングランドとアイルランドのほぼ中間に浮かぶアイリッシュ海上の島であり、しっぽのない猫、マンクス・キャット（Manx cat）がいることやオートバイのレースで知られている。私はこの島で一九八四年八月に行われた国際ヴィオラ学会に参加し、著名な奏者のレッスンやリサイタルを目の当たりにし、またそういった人々と話をしながら、ヴィオラの奏法や音楽の作り方など数々の貴重なものを学んだ。この催しは、各国の著名なヴィオラ奏者をはじめ、ヴィオラと何らかの関係をもつ人々が集い、講演会やリサイタル、レッスンを通してヴィオラに対する理解の普及を図り、あわせて参加者間の親睦を深めることを目的として、毎年世界各地で持ち回りで開催されている。なお、マン島はイギリス国内の島でありながら、独自の議会をもち、独自の紙幣を発行している。したがって、英国女王を君主にいただきながら、独立国なみの属領《ぞくりょう》（Crown Dependency）となっている。オートバイのレースが行えるのも、イギリスの法律では公道をオート・レースに使用することはできないが、マン島にはそれが及ばないため可能とのこと。また、紙幣はプラスチックが入っているのか、引き裂くことができない。独自の紙幣は、マン島以外にもスコットランドや英仏海峡に浮かぶチャネル諸島でも見られる。

室内楽の楽しみ

自分で音楽活動に携わることができたことも、マートン滞在中の大きな喜びであり、楽しみであった。室内楽を演奏してみたいという気持ちは入学当初からもっていたが、なかなか難しいのではとも思っていた。しかし、意外に早く実現のチャンスがやってきた。正確にいつとは記憶していないが、いつものようにホールで朝食をとっている時、偶然隣り合わせた学生から音楽を専攻していると聞き、多少恐る恐るではあったが自分がヴィオラを弾く旨を話し、できれば室内楽をやりたいという希望を伝えた。その学生は大学院生のW君といい、二つ返事で引き受け、彼が他のメンバーを探してくれることとなった。一九八三年の十一月二十六日、マートンのサマー・ハウスでカルテットの初会合がもたれた。この時の第一ヴァイオリンはマートンの学部学生の女子学生、第二ヴァイオリンがW君、チェロはサマヴィル・コレッジの女子学生でヴィオラが私であった。この時の曲目ははっきり記憶にないし、残念ながら記録もしていない。

合わせてみた感じは、他の三人が実に上手だということである。みんなは私が何を弾きたいかを聞いてくれ、私が望む作品を取り上げてくれた。合奏中は合わないところでは何回でも繰り返しながら、丹念に一つ一つ演奏していった。初めの頃はもっぱらハイドンの作品を取り上げ、次第にモーツァルトやベートーヴェン、シューベルトなどの作品を取り上げるようになった。ハイドンの作品では、「ひばり」、「五度」、「鳥」などを手掛け、モーツァルトは中期の「ハイドン・セット」と呼ばれる作品のうちの数曲をとりあえず試みてみた。年内は私もいろいろと学業のことで忙しく、あまり合奏の時間はとれなかった。

年が明けると、早くもJCR主催のコンサートにヴィオラ奏者として参加してほしいとの誘いを受けた。それはクラリネットを吹くマートンの女子学生からで、同じコレッジのピアノを弾く学生と合奏をしたいが、ヴィオラが必要とのことであった。私がヴィオラを奏することをどこからか聞いたらしい。曲目はと聞くと、モーツァルトの「ケーゲルシュタット・トリオ」という。私は、この曲をレコードでは聞いていたがまだ楽譜を見たことがなかったこともあり、しばらく考えさせてほしいと言った。しかし、この話はぜひ実現させたいと思い、さっそく楽譜を買いに音楽店に行った。楽譜を買って見たところ何とか弾けそうに思ったので、コンサートに出る旨を伝えた。練習はマートンのサマー・ハウスで数度行った。ピアノの学生が主導し、合わないところや難しいところを何回となく丹念に練習した。今でもうまくいった時の彼の「イエイ」という声が聞こえてきそうである。コンサートは、三月一日にマートン・コレッジのミュアー・ルーム（Mure Room）で行われた。マートンの友人も多数聴きに来てくれ、用意された席はほぼ満席になった。第二楽章にはヴィオラが目立ち、しかも複雑な部分があるが、そこも何とか乗り切り、第三楽章も無難にいったように思った。ともかく、オックスフォードでの初のコンサートが無事終わって何ともいえないよい気分であった。

このようなコンサートのための練習以外にも、先に記したメンバーでの練習も進められた。第一ヴァイオリン奏者が最終学年であり、試験で忙しくなったので、ブレイズノーズ・コレッジの音楽の先生が第一ヴァイオリンで参加して下さった。B博士というその方は、シュポアという作曲家の研究者である。三月のコンサート以降は、特に四月半ばのトリニティー・タームからは、土曜日か日曜日の午前中、ほぼ毎週一回はカルテットの集まりをもった。ほぼ定期的にこの会合を開けたのは、他の三人が自分が出られない場合には責任をもって代わりの人を紹介したことにも多くを負っている。B博士との最初の合奏は、前のメンバーの時にも取り上げたハイドンの「五度」だったが、巧みに弾かれるのには驚いた。もちろん前任者も上手だったことはいうまでもないが。また、彼からしばしば弾き方や合わせ方のアドバイスを受けたことも有益であったし、彼の方から曲目についての提言もしてくれた。ことにシューベルトの弦楽四重奏曲やブラームスの「クラリネット五重奏曲」、彼が持参した楽譜でシュポアの弦楽四重奏曲などを弾く機会があったのも彼のおかげである。ではここで合奏にまつわるいくつかのエピソードを紹介しよう。

私は以前からベートーヴェンとモーツァルトの弦楽四重奏曲にたいへん関心があり、留学中にもできる限りこれらの作品を取り上げようと思った。この提案は受け入れられ、私たちはだいたい毎週一曲はどちらかの作曲家の作品を中心に練習した。ベートーヴェンの作品は、彼の弦楽四重奏曲の第一曲に当たる作品一八の一から始めた。作品一八の二では終楽章で全員が笑い出した箇所があった。興味のある方はどこか想像していただきたい。作品一八の四は全員が満足する出来であったと記憶している。第七曲以降は一段と難しくなるが、それらの曲の音の厚みはベートーヴェン独特のように思え、技術的な困難も十分に報われ、深い満足感を与えてくれた。もちろん、幾度となく止まりながらの前進であった。第八曲はラズモフスキーの第二番としても知られているが、この第四楽章には各パートが目まぐるしく速いテンポで実に複雑な動きをしながら、しかも重なり合うことなく演奏される箇所がある。どうしてもこの部分では、私のヴィオラはたびたび他のパートと重なってしまう憂き目をみた。ベートーヴェンのからから笑う声が聞こえそうであった。次の第九曲でも失敗をした。ラズモフスキーの第三番に当たるこの曲は、第三楽章と第四楽章の間に休みがなく、第四楽章の冒頭はヴィオラのソロのメロディーがあり、それをフーガ形式で他のパートが次々と引き継ぐ形となるため、第四楽章のはじめのヴィオラの役割は重要である。私はそれ以前にこの曲をまったく弾いたことがなかったので、このことを承知していなかった。第三楽章の終わりの方で運悪くどこを弾いているのか分からなくなったが、この楽章が終了しても第四楽章との間に休止があり、そこで場所が分かるだろうなどと考えたのが悪かった。第三楽章が終わるような雰囲気になった頃のみんなの表情がどことなくおかしい。そのうち、B氏が言った。「ヒロ。君の出番だよ」と。

もう一つだけ、合奏時のエピソードを紹介したい。それは、冬の寒い日であった。私は、ハイドンの「十字架上の七つの言葉」の異名を持つ弦楽四重奏をやってみようと思い、当日楽譜を持参した。この日のサマー・ハウスは格別に冷え込んでいた。七楽章にも及ぶこの作品はゆっくりした楽章が多く、全員が冷え込んでしまい、数楽章を弾いたところでやめようということになってしまった。なお、この曲はいまだに全楽章を通して演奏したことがない。

結局、ベートーヴェンの弦楽四重奏曲は、一番から始め「セリオーソ」と呼ばれる一一番の四重奏曲まで弾くことができた。「大フーガ」と呼ばれる作品を含めて十七曲あるベートーヴェンの作品のうち、いわゆる中期の四重奏曲まではすべてやったことになる。モーツァルトはハイドン・セット以降の作品は一曲を除きすべて試みてみた。ハイドンは膨大な数の弦楽四重奏曲を残しているが、名称のついた曲には結構トライした。B氏はハイドンのある作品を演奏中に「ハイドンには現代のジャズ的要素がある」と指摘されたが、それには全員がうなずいた。名前のないハイドンの四重奏曲の中では、へ短調の作品二〇の五は演奏してみて印象に残る作品であった。ベートーヴェン、モーツァルト、ハイドン以外では、シューベルトの作品がよかった。「ロザムンデ」の名のある弦楽四重奏曲を手始めに、B氏の勧めで「死と乙女」も試みた。ベートーヴェンとはまた異なる音の響きであったが、シューベルトの曲ではしみじみと弦楽四重奏をしている喜びを味わい、さらに彼の別の曲も演奏してみたくなる誘惑にかられる。B氏は例のホール夫人が好きなチェロの二本入った弦楽五重奏曲をぜひやりたいと言ったが、私は楽譜を見てその長さにいささかシュリンクしてしまい、結局留学中は合わせずじまいであった。帰国後この曲を弾いてみて、オックスフォードでの音楽の思い出にこのすばらしい作品を演奏しなかった自分を大いに反省した。

このメンバーでコンサートもした。一回は、以前にクラリネット・トリオを演奏したマートン内のミュアー・ルームで、ドヴォルザークの弦楽四重奏曲「アメリカ」を演奏し、ウスター・コレッジではハイドンの「五度」を演奏した。「アメリカ」を始める前にW君が観客に向かって言った言葉は今でも忘れられない。「このメンバーはイギリス人と日本人からなっています。したがって、今日はそのどちらでもないアメリカを演奏致します」。ウスターでのコンサートは昼の時間帯であったが、マートンの学生やオックスフォードで勉強している日本人の学生も多数来てくれた。演奏が始まる前に全員に白ワインが配られたのも印象的であった。

室内楽以外の音楽活動として忘れられないのは、私の母がそのコンサートに行ったことがきっかけでご縁ができた「日本オラトリオ連盟」の方々と、一九八四年にロンドンの教会でヘンデルのメサイアを公演したことである。奇しくも私の誕生日はヘンデルと同じ二月二十三日であり、その関係もあってか以前から好きな作曲家の一人であるヘンデルの代表的作品を、彼の第二の故郷といえる英国で生誕三百年祭という記念すべき年を翌年に控えて演奏できたことはたいへんな幸せであった。教会での音の響きは実に感動的であった。なお、曲が有名な「ハレルヤ・コーラス」になった時客席で何人もの人が突如立ち上がったのには驚いた。これは、時の国王ジョージ二世がハレルヤ・コーラスのオーケストラ演奏が始まった時に感激して立ち上がった故事に由来するという。同連盟は一九八五年の九月にもロンドン公演を行い、オックスフォードにも立ち寄ってヘンデルの作品や、「グリーン・スリーヴズによる幻想曲」、フルートとハープの独奏による「春の海」などを私も一緒に演奏させていただいた。帰国を翌月に控えた私は、この演奏会にマサイアス先生をはじめオックスフォードでお世話になった先生や友人を多く招待していたが、コンサート最後の曲の時、私は起立を求められ、内緒で選ばれた「蛍の光」が演奏されたことは、オックスフォードを去る私へのご好意として脳裏から離れない。このよき思い出を私に与えて下さった指揮者の方は数年前に帰らざる人となられた。

音楽家ゆかりの場所を訪ねる――イギリスと音楽

オックスフォード滞在中、私は英国はもとよりヨーロッパ各地を比較的広範囲に訪問することができ、音楽にゆかりの地も訪れた。オーストリアでは、ザルツブルクのモーツァルトの生家を訪ね、ご好意で彼の使っていたヴィオラを弾かせていただいた。ドイツのボンでは、ベートーヴェンの生家を訪ねた。ベートーヴェンといえば、彼がかの有名な「ハイリゲンシュタットの遺書」をしたためたというウィーン郊外のベートーヴェン・ハウスで、ウィーン・フィルハーモニーの方々と合奏できたことも一生の思い出である。チェコスロバキアでは、プラハ郊外のドヴォルザークの住居に行き、彼のヴィオラを弾かせていただいたり、所持品の多くを見ることができた。

ところで、英国の作曲家というと誰を想像されるだろうか。古いところではヘンリー・パーセルやジョン・ダウランドがいるし、ヘンデルも英国の生活はきわめて長く、ウェストミンスター寺院には彼のメモリアルがあることをご存じの方もおられよう。新しいところでは、「威風堂々」や「愛の挨拶」を作曲したエルガーの名を思い浮かべられる方もあるかも知れない。彼は生粋の英国人で、一八五七年に生まれ、一九三四年に没した。私は、イングランド中西部ウスター近郊の彼の生家を訪れたことがある。こぢんまりとして簡素な家であったが、数点の自筆譜と彼の使っていたヴァイオリンや身の回りの所持品類が展示してあった。中でも興味深かったのは、収集魔ともいうべきエルガー夫人が集めたエルガーに関する新聞記事のおびただしい切り抜きである。それらが、壁一面を覆っていたように記憶している。十九世紀以降の作曲家としては、他にブリテンやディーリアス、ヴォーン・ウィリアムズなどが挙げられる。むろん、イギリスで誕生したビートルズの音楽が、今世紀の音楽史の一ページに加わることは疑いもないことであるし、ミュージカルの「キャッツ」や「オペラ座の怪人」の音楽を担当したアンドルー・ロイド・ウェッバーも現代のイギリスを代表する作曲家の一人である。彼の作品「レクイエム」が生まれた頃が私の留学時代である。なお、詩人で「キャッツ」の原作者、T・S・エリオット（一八八八〜一九六五）はマートン・コレッジで一年間勉学している。

このように見てくると、英国にも著名な作曲家が生まれており、また外国の作曲家にとっても英国は音楽活動の場として決してゆかりのない土地ではなかったように思われる。ヘンデルは長期にわたるイギリス滞在の末ロンドンで死んでいる。ハイドンとオックスフォードの関係は前述のとおりだが、彼の後期の交響曲にはロンドンで書かれたものが多い。また、モーツァルトもロンドンに立ち寄ってコンサートを開いており、メンデルスゾーンもロンドンで人気を博し、ヴィクトリア女王とアルバート公の信任を得たという。ドヴォルザークはケンブリッジ大学から名誉博士号を贈られ、彼の交響曲第八番は「イギリス」という名でも知られている。同じケンブリッジから名誉博士号をもらいそこねたのはブラームスである。彼は、港町の生まれにしては船旅が苦手で、それを理由に渡英を断わったといわれているが、真偽のほどは分からない。

しかし、イギリスの人々は、イギリスは音楽家のいわば寄港地であったが、自国からこれといった音楽家を輩出しなかったと、多少のコンプレックスをもっているようにも見受けられる。W君もなかなかイギリス人の作品は取り上げてくれないとぽつりともらしていたし、私がイギリス人の音楽好きの友人のフラットを訪れた際、彼がかけていた曲をほめたところ、それがイギリス人の近代作曲家ヴォーン・ウィリアムズの「タリスの主題による幻想曲」であると教えてくれ、テープも貸してくれた。彼は別れの際に「イギリス人の作曲家の作品を一人でも多くの人に知ってもらいたいし、それをすることは自分にとって喜びだ」と言った。この曲は日本の音楽愛好家の間でどの程度知られているか分からないが、実に旋律の美しいすばらしい曲である。日本で最もよく知られている彼の作品は、「グリーン・スリーヴズによる幻想曲」であろう。他にも「揚げひばり」などは私の好きな曲である。

このほか、ディーリアスは、羊毛商を営むドイツ人の両親をもち、イングランド北部ブラッドフォードに生まれ、生涯の大半をイギリス以外の土地で送った人物である。そのためか、イギリス人の中には「ディーリアスはイギリス人の作曲家にあらず」と言う人もいる。彼の音楽は多少分かりにくい面もあるが、「春を告げるカッコウ」をはじめとする管弦楽曲の数曲や「チェロ協奏曲」はとてもすばらしい。エルガーは管弦楽曲の小品をはじめ地味な曲が多いが、「交響曲第一番」、「チェロ協奏曲」、「ヴァイオリン協奏曲」、「ピアノ五重奏曲」、「弦楽四重奏曲」などを好きになった。中でも「交響曲第一番」は音楽店でテープを買い、コレッジの自室で深い感銘をもって聴き入った。しばらくして、オックスフォードで上演されたある映画の主題曲がこの曲であったのには驚いた。これらの作曲家以外でも、「惑星」で知られるホルスト、「青少年のための管弦楽入門」で名の知れたブリテン、「ヴィオラ協奏曲」を作曲しているウォルトンや、ホーエルなどがいる。

私は、オックスフォード滞在中はできる限り今自分がいるイギリスの作曲家の作品に親しむように努め、コンサートに出かけたり、テープやレコードを買い求めた。このようにして手に入れたイギリス人作曲家の作品は、英国滞在中のよき思い出として私の書斎に大切に保管されている。

留学中の私は、映画・演劇・音楽を間近に見たり接したりする機会に恵まれた。もちろん日本でこのような機会がないわけではない。しかし、オックスフォードという比較的小規模なコミュニティーにあっても、実に多くの芸術活動がひじょうに身近なものとして、しかも誰にでも接しやすく存在している事実に改めて驚かされる。日常のちょっとした話題、話の潤滑油として、ごく自然な形で芸術を取り上げることのできる幸せをかみしめた二年間であった。

7　スポーツ

ボート

英国ではラグビーをはじめ幾多のスポーツが生まれ、多くの人々が日常的にスポーツを楽しんでいる。オックスフォード大学にも実にたくさんのスポーツ・クラブがあることに驚かされるし、市内にもスポーツの施設は多く、スポーツをしようと思えば、オックスフォードはたいへん恵まれた環境にあるといえよう。

オックスフォード大学で最も名の通ったクラブは、ボート部かも知れない。春のケンブリッジ大学との定期戦は、一八二九年に第一回のレースが行われて以来今に引き継がれており、この伝統的なレースを、私も二度観戦する機会に恵まれた。最初は一九八四年の三月である。試合予定の十七日、ケンブリッジのボートが試合前の練習中に停泊中のバージに衝突してかなりのダメージを受けたため、試合は翌日に延期された。十八日に再度テムズ川に足を運び、レースの模様を船上から観戦できた。川岸は見物人で埋め尽くされ、三十分にも及ぶレースの間歓声は途切れることがなかった。オックスフォードの下流に行くとテムズ川の川幅も広がり、緩やかなカーブを描いている箇所もあることから、どのカーブではどの辺につけたらよいかというレース中の駆け引きもあるらしい。結局二年ともオックスフォード大学が勝利をおさめた。

ボート部は各コレッジにある模様だが、マートンの場合は朝の六時頃からランニングやテムズ川での早朝練習が行われていた。聞くところによると部員が一人でも寝坊をすると他の部員がその部屋に起こしに行くという。入学当初マートンのボート部のパーティーに呼ばれた時、コックスにならないかと誘われたが、これまで日本で四人乗りのナックル・フォアを数回漕いだ程度でエイトの経験はなく、その時は断わった。しかし、二年目に入りぜひ一度でいいからテムズでボートを漕いでみたいと思い、ボート部の主将にアプローチしたところ、二つ返事で許可してくれた。数日後、管理人棟にある私の郵便受けに練習日・集合時間・場所を記した一枚のぼろぼろの紙切れが入っていた。

ボートの練習は、男女混合のクルーの一員としてコレッジの艇庫《ていこ》からボートを出すことから始まった。私の後ろの女子学生が船を持つ位置や運び方をていねいに教えてくれた。それにしても女性も実にたくましい。きゃしゃな体格でも力は相当ありそうだ。ボートに乗る時にも一定のルールがあり、乗ってからの練習方法として、スライディングする座席のシートを動かさずに手だけでオールを漕ぐやり方や、数回オールを懸命に漕ぎ、後のいくつかのストロークは少しばかり力を抜いて漕ぐやり方とかいろいろある模様であった。そのつどボート部の主将や先述の女子学生が懇切ていねいに教えてくれたのでひじょうに助かった。おそらく初心者の私に多少合わせてくれたように思うが、テムズ川をボートで進むのは実に心地よい。しかし、ボート部のレギュラーになったらこれは大変だろうなと思ったことも事実である。なお、私が高校時代にボートを漕いだ時、オールがお腹に当たってしまい、オールを戻す時に困ったことがあった。この状況は俗に「腹切り」と表現するが、オックスフォードではこれをどう表現するのか興味があった。私の記憶が間違っていなければcatching a crabと言っていたように思う。なお、コレッジ間の対抗戦としては、ヒラリー・ターム に行われるトーピッズ（Torpids）とトリニティー・タームのエイツ・ウィーク（Eights Week）がある。両者とも十九世紀の初期に遡るレースで、相手の船に自分の船をぶつける（バンプする）バンピング・レースとしても知られている。

テニスとスカッシュ

私がボート以上に熱中したスポーツはテニスである。マートン・コレッジの選手に選んでもらい、各コレッジの対抗戦に出場する機会を得た。一九八四年のトリニティー・タームに入った頃、私はマートン・コレッジのテニス部の主将から「コレッジ・プラクティス（College practice）がいついつどこであるから参加するように」というメモをもらった。彼とはMCRのパーティーその他で面識があり、その縁もあってすでに数度一緒にテニスをしたことがある仲である。私は、「コレッジ・プラクティス」なるものの実像が分からないまま、持ち前の好奇心も手伝ってこの招待に応じた。「コレッジ・プラクティス」は、マートン・コレッジの芝生のテニス・コートで行われた。「プラクティス」という以上かなりハードなものだろうと思っていた私は、単にマートンの学生同士が組んでダブルスのゲームをするだけだったことにいささか驚いた。しかし、その場所に居合わせた主将はしっかりその時の様子を見ていたのであろうか、数日後誰々とダブルスのペアーを組み、いつどこでどのコレッジとの対抗戦に出るようにと指示をしてきた。私は、マートン・チーム六人中三番目のシードだったように記憶している。コレッジの対抗戦は、一年目のトリニティー・タームに毎週一回の割合で行われ、試合はすべて、各コレッジが所有する芝生のテニス・コート（通常グラス・コートと呼ばれている）で行われた。マートン・コレッジのテニス・コートは、セント・キャサリンズ・コレッジ（St. Catherine's College）の校舎のすぐ脇にある。二面のハード・コートに三面のグラス・コートが校舎を望む運動場の一角に備えつけられている。グラス・コートでのプレーは実に気分がよい。何しろハード・コートに比べ膝への衝撃がはるかに少ない。ただ、当初の問題は球のバウンドになれることであった。というのは、グラス・コートでの球は手元にきて滑るようにのびる。すなわち、うっかりしているとボールを打ち損なうか、ラケットが振り遅れる結果となってしまう。そうはいっても、一度グラス・コートの感触を知ってしまうとその魅力はたとえようもなくすばらしい。

試合の日時と場所は、マートンの主将やテニス仲間がそのつど、私の郵便受けにメモを入れてくれたり、ホールで教えてくれたりした。指定された時間にコートに行くと、シングルスとダブルスの試合がそれぞれ三セット・マッチで行われる。対戦したコレッジは、セント・ジョンズ、ウスター、オリエル、クイーンズ、セント・キャサリンズ、ウルフソンで、シングルスの対戦相手とは、これが縁でその後もしばしば会ったりした。すでに紹介したが、クイーンズ・コレッジとの対戦でシングルスをした相手の人とは、コンサートに一緒に行ったりもした。この時の試合は一対一でファイナルにもつれ込み、当日の暑さもあってか、相手が途中で水を飲みに消えてしまうといったハプニングもあり思い出深いものであった。対抗戦の合間には、ダブルスのペアーと連携を強め、試合自体に慣れることを目的として、数度「コレッジ・プラクティス」が行われた。いずれも、ゲーム中心の練習である。結局この年の試合は、マートン全体としてもまあまあの成績であった。試合は真剣なものだったが、試合の合間にはティーが用意されるあたりはいかにもイギリス的である。この時ばかりは敵味方も関係なく、ビスケット類をつまみながら、テニス談義に花が咲いた。しかし、ティーが時間の関係でシングルスとダブルスの間になるような時は、食べ過ぎないように注意した。

話は横道にそれてしまったが、私が対戦して受けた一番大きな印象は、総じて向こうの学生は力が強いということである。したがって、腕力に技術が加わった人には、完敗を喫することもしばしばであった。しかし、中には力では明らかに私が負けていても、それらの球を必死で返していくうちに相手が嫌気がさしたのか、調子をくずしてしまい逆転したこともあった。そうはいっても高い身長から繰り出すサーブや強力なストロークには、しばしば体格的なハンディを感じたのも事実である。

私にとって、マートンの一選手としていくつかのコレッジとの対抗戦に出られたことは、たいへんによい思い出となった。テニスを通して幾多の友人にも出会えたし、グラス・コートで精一杯プレーできたことも忘れられない。それとともに、私の当日のテニスの成績がどうであっても、常に試合後"Well done, Hiro."と笑顔で言ってくれた主将の顔もよく記憶している。

試合以外にもテニスをする機会は多かった。MCRの会長をしているJ君がテニス好きだったこともあり、彼の友達も誘い合わせてマートンからさほど遠くないイフリー通り(Iffley Road)に面した大学のスポーツ・グラウンドのテニス・コートによく出かけた。一度テニスの後に彼らとコートに近いパブに行ったことがある。居合わせた人たちには変な奴が来たという目で見られたが、テニスの後に、冷えているとはいいがたいビールで喉を潤すのも、これまた気持ちのよいものである。

MCRのメンバーとはJ君以外にもプレーする機会が多かった。MCRにはテニス愛好家が多数おり、彼らの大半は食後にMCRの部屋に集まる常連で、その場所でテニスの日取りが決まっていった。レベルはまちまちだったが、時にダブルス、時にシングルスと相手を替えながら、午後のひとときをテニスに興じるのもおつなものである。テニスの場所も、大半はマートンのコートを使用した。ちなみにマートンのグラス・コートはもっぱら正式な試合用ということもあり、私もコレッジの対抗戦以外は、すべてハード・コートを使用した。グラス・コートといえば、MCRのメンバーとグラス・コートを使用しかけて、結局は使用できなかったことがある。MCRのテニス愛好家が集まった時のこと、先述の二年目にMCRの会長になったM君の提唱で、どういう風のふきまわしかマートン以外のコレッジのグラス・コートでテニスをしようということになった。たまたま、私たちが行った某コレッジのコートの入口は開いており、グラス・コートも自由に使用できそうであった。しかし、ボールを打ち始めてからしばらくして、怖い面持ちの管理人らしい人が現れ、私たちがそのテニス・コートを後にするまで数分とかからなかったように覚えている。

MCRのテニス仲間は、国籍も多彩である。イギリスは当然として、アメリカ、ニュージーランド、ドイツ、フィリピン、オーストラリアといった具合である。これは、マートンのテニス・コートでの話。私は、通常より少し大きめのラケットを使用していたが、洗濯の話のところで紹介したドイツ人のH君から面が大きければ当たる率も高いだろうということでそれを貸してほしいといわれた。ラケットを二本持っていたのを幸いに一本を彼に貸したが、気の毒なことに彼はそのラケットを使用中、トップ・スピンをかけすぎたのか、ラケットで自分の額を叩いてしまった。少量の出血で済んだものの結果的には病院で数針縫う羽目になった。「ヒロ、君の責任だよ」と笑いながら彼は言い、私もだんだんと何か私にも責任があるように思えてきて、結局は件の私のラケットを記念にと言って彼にプレゼントした。彼が今でもそのラケットを使っているかどうかは知らないが、ヒロと一緒になるとろくなことはないと思っていることは確かであろう。

テニスの会に引き続いて、コート脇のジムを使用して、MCRのメンバーとバーベキューをしたこともあった。テニス仲間が集まった折、誰からともなく出た提案で決まったことと記憶している。それは、私がオックスフォードを去る最後の学期であった。当日は今にも雨が降り出しそうな曇天だったが、ゲームの後、私たちはおいしいバーベキュー料理を堪能した。テニスをしないMCRのメンバーも多数参加したこの日の楽しい会話は今でも忘れられない。

テニスの思い出をもう一つ。それは、マートンのダブルス仲間とシングルスのゲームをした時である。そのゲームには何とか勝てたが、試合後突然激しい雨が私たちを襲った。テニスは続行したが、シャツや髪はびしょぬれ。マートン・コレッジに急いで帰ってくると、折悪しくちょうど夕食時だったため、食堂前に並んでいた親しいコレッジのメンバーは、ラケットを持ったびしょぬれの私を見て、一様に“Water tennis!”と言ってひやかした。これもまた英語の一表現なのだろうか。

イギリスでのテニスというと、夏場のウィンブルドンが有名である。私も幸い、三度ほどウィンブルドンに行く機会を得た。今でもよく覚えている試合は、コナーズ対マッケンローおよびベッカー対カレンのシングルスである。私は、ウィンブルドン・テニスの総裁をされているケント公の隣に座らせていただき、試合を見ることができた。この年のコナーズ対マッケンロー戦は、マッケンローの一方的ともいえるゲームであった。ケント公が"Come on Jimmy!"とつぶやかれたのを記憶している。ベッカーとカレンの試合も面白かった。ベッカーが勝ったが、彼の振る舞いもユニークと思った。しかし、居合わせたウィンブルドンの関係者はカレンに勝たせたいそぶりだった。それにしても、大観衆が集うウィンブルドンの雰囲気は、テニスの歴史を感じさせ、観衆の態度とも相まって独特なものがあるように感じた。それがイギリスのもつ一面なのかとさえ思った。ついでにいえば、試合中でもティーがあることもまたイギリスならではのことであろう。なお、ホール大佐邸に滞在中の縁もあり、ウィンブルドン内のグラス・コートで二回もテニスができたことも忘れられない思い出である。

マートン・コレッジにはリアル・テニス〔フランスではジュー・ド・ポム (le jeu de paume)、アメリカではコート・テニス (Court tennis)、オーストラリアではロイヤル・テニス (Royal tennis) と呼ばれている〕のコートがある。リアル・テニスとは、テニスの原型で、中世フランスの王侯貴族の間で流行したジュー・ド・ポムがイギリスに普及したものである。なお、シェークスピアの戯曲「ヘンリー五世」には、フランス皇太子がヘンリー五世にテニス・ボールをプレゼントする話が見える。

たまたまM君がリアル・テニスを多少心得ていたこともあり、私は、幾度かプレーする機会があった。リアル・テニス・コートは、マートン通りをはさんで、マートンの反対側にある。このテニスのルールは正直いって複雑怪奇である。コートは室内にあり、壁の側面には王冠の文様が刻んであったり、コート面にはわけの分からない線が何本も引かれており、ネットは普通のテニスと同じようにコートの中央に張ってある。ラケットは通常のテニス・ラケットよりも細長く、ガットはシープで張られているようである。ボールはテニス・ボールとほぼ同じ大きさであるが、野球の硬球ほど重かった。ゲームは、サーバーが室内の内側に屋根のようにでっぱった所にボールを打ち、転がり落ちたボールを打つことから始まり、コートの中央に引いてあるラインをめぐって得点が競われたと思う。また、コートの側面に所々あるへこみにボールを入れた場合も得点になるといわれた。結局数回やったもののルールはよく分からずじまいであった。

ところで、テニスのスコアーの数え方が、なぜ15－0、30－0、40－0というふうになるのかご存じであろうか。私も前々からこのスコアーの数え方に疑問をもっていたが、たまたまマートン・コレッジの先生の一人からこの答を引き出すことができた。すなわち、その先生によればテニスのスコアーは時計と関係があるとのことである。15や30は時計で容易に理解できよう。しかし、40についてはどうであろうか。その答を先生は、45は言いにくいので40にしたと言われた。これもまた納得のいく説であろう。また、スコアーでゼロはラブ（love）と発声するが、これは一説にはフランスで長楕円形に書かれるゼロの形が卵に似ていることから、フランス語で卵を意味するラフ（l'œuf）と呼んでいたのをテニスを自国に取り入れた英国人が、loveと発音が酷似していることからラブと呼ぶようになったという。この他、スコアーの数え方については、ギャンブルとの関係など、種々の説がある模様である。

テニスに似たスポーツとしてスカッシュ（Squash）がある。これは、室内コートで行われるゲームで、壁の側面をフルに使用するが、ルールは先述のリアル・テニスほど複雑ではない。二人で壁に向き合い、ボールを二つバウンドさせることなく、壁を使って打ち合えばよい。したがって周囲の壁はすべて使える。例えば、相手の球が後ろの壁にあたった場合でも、ダイレクトに又はワンバウンドで打ち返し、どこかの壁にあてればよいわけである。しかし、そうはいってもなかなか骨の折れるゲームであった。マートンのテニス部の主将は、同時に優れたスカッシュ・プレイヤーでもあったが、彼とスカッシュをした時は、つくづく力の差を思い知らされた。何しろ、彼は試合中常にコートの中央に位置している。私はひたすら彼の周りを走り回り、ボールを拾いまくるばかりであった。試合の終わり近くには、私はほとほと疲れたが、彼はあまり疲れた様子がない。カナダ人のMCRのメンバーともプレーをしたが、とても私では勝てなかった。スカッシュで面白いのは、ゲームもさることながら、ボールの上部に塗られた、赤と黄の斑点によりボールのバウンドが異なることである。赤い方がバウンドは大きく、黄色が小さい。バウンドが小さいほどよく走らねばならないことは明らかである。さらに面白いことは、黄色のボールでも打ち始めてしばらくすると、まるで生き物のようにバウンドしだす。私は、スカッシュをテニスほどにはやらなかったが、短時間でも相当量の運動ができることもあり、雨などでコートが使用できない時はスカッシュを楽しんだ。しかし、腕をよく使うテニスと違い手首を使うことが多く、テニスにとってよかったかどうかは分からない。とはいうものの、私は手首を強くすることも自分のテニスにはプラスであったと思っている。

ジョギング、登山、スキーその他

この他、私が留学中に楽しんだスポーツとして、ジョギングがある。マートンの門を出てすぐの所にクライスト・チャーチ・メドーを一周する二キロ程の道の入口がある。途中にテムズの川べりに沿った箇所もあり、天気のよい日などはことに気持ちがよい。この道を夕方によくジョギングした。ジョギング中きまって顔を合わせる人もあり、お互いに挨拶を交わしたりしたが、結局名乗り合わないままに終わってしまった。クライスト・チャーチ・メドー以外では、セント・オルデイツ通りがテムズ川と交差するフォリー・ブリッジからテムズ川べりへ降り、川沿いにイフリーのロックまで走る道も気持ちよかった。この道については、ハイフィールド先生との散策の項でも触れる。ロックからは、教会の近くを通り、イフリー通りを上がり、ハイ・ストリートからマートン通りに入るルートである。全体で六キロ程になるだろうか。自転車で伴走してくれた警護官にもよい運動になった模様である。

私の好きなものの一つに登山がある。日本で登山をやっていることもあり、英国でも登山ができたらという夢は前々からもっていた。ところで、英国がイングランド、ウェールズ、スコットランド、北アイルランドからなっていることは知っていても、英国の山が地理的にどう分布しているかとなると首をひねられる方も多いだろうし、英国に山などあるのかと思われる方もいると思う。地図を広げてみると、山地はスコットランド中部から北部にかけてと、イングランド北部、ウェールズ北部に集中して存在することが分かる。これらの山はおおむね千メートル前後であり、身近な例で言えば東京の奥多摩の山々と高度的には類似している。ちなみに英国の最高峰は、スコットランドにある一三四四メートルのベン・ネヴィス（Ben Nevis）山である。

ところで、イングランド、スコットランド、ウェールズの最高峰を登ってみたいという考えは、英国到着の当初から私の頭の中にはあった。しかし、当時は英国の山についての正確な情報も得られなかったし、私も山見たさは大いに募っていても具体的な登山までとても考える余裕もなかった。結局スコットランドに英国の最高峰があるらしいということまでは分かったが、山の高さもはっきりしなかったし、またこの山がいわゆる一般向きの登山の対象となっているかも分からなかった。私が、ベン・ネヴィス山の登山を具体化したのは翌一九八四年の夏であった。スコットランドをゆっくりと時間をかけて回ろうと、スコットランド中北部を中心とした旅行計画を練っていた私は、この山が一般の登山対象になっており、通常のルートをとる限りはきわめて安全であるという情報を入手できた。これには、当時私についてくれた英国の警護官の功績も大きい。かくしてベン・ネヴィス登山は実現の運びとなったのであった。

七月十六日の登山当日は晴れ間が広がっていた。私は、フォート・ウィリアムに程近い宿泊先のキャンベル卿のお宅から、車で登山口へと向かった。登山にはキャンベル卿のご令息の友人夫妻が同行してくれた。車中から眺めるベン・ネヴィス山はとりたてて特徴のある山ではないが、地図で確認できる登山道とは裏側にある絶壁がその一部を覗かせていた。登山口に着いて改めて見るとベン・ネヴィスはひじょうに大きな山である。また、緯度がかなり北にあるためか樹林帯はまったくなく、草原状の斜面が頂上に向かって伸びている。すこし雲行きがあやしくなり頂上付近はガスが立ちこめて見えなくなった。登山道はよく整備されており、また勾配もそれほどきつくはないが、のぼり一方である。日がかげっているのがむしろ幸いであった。かなりの登山者とすれ違ったが、英語に混じって、ドイツ語、フランス語、デンマーク語（これは後で分かったことだが）などが聞かれたのは興味深かった。中腹の湖を過ぎると、周囲の眺望からもかなり高度をかせいだことが分かる。日本でいままで登った山、とりわけ特に高い山で味わう一種のアルペン的なムードを感じた。雪渓《せっけい》を過ぎガスでまったく視界のきかない頂上に着いたのは、登山を始めて約三時間後であった。

二番目に登ったのは、八五年七月二十七日のウェールズ最高峰スノードン（Snowdon）山（一〇八五メートル）であった。この山は頂上まで小型電車が行っているが、あくまでも三地方の山に「登山」をするということを念頭においていたため、電車の線路とは逆側に付けられた登山道を麓《ふもと》から辿ることにした。今度は前回のベン・ネヴィスとは違い、一つの山に直登をするというよりは、だらだらした尾根道《おねみち》を歩くといった感じである。途中の湖から眺める山頂は、岩をむき出しにしており迫力があったが、登りそれ自体はベン・ネヴィスより楽であり、意外にあっけなく山頂に着いた。折からのガスで眺望はきかず、山頂付近で電車の音を聞いた時はいささか憂鬱な気分になったが、比較的変化の多い道を自分の足で登ったことで十分満足した。帰り道は電車の線路沿いにつけられた道を途中まで下った。幸い途中で天候は回復し、思わぬ眺望を楽しめた。電車の窓から手を振る人、不思議そうな顔をする人、こんな光景を目にすることがまたあるだろうか。

ウェールズから、私はレイク・ディストリクトへ向かった。この地は以前訪れているが、今回はイングランド最高峰のスカーフェル・パイク（Scafell Pike）山（九七八メートル）に登るためである。七月二十九日、オックスフォードで知り合った学生三人と落ち合い、ボロデールという町に泊まった私たちは、翌朝山頂を目指し出発した。登山道はスノードン山に似ていたが、登っても登ってもなかなか山頂が見えないところにこの山の奥深さが感じられた。二時間近く登ったであろうか、きれいな湖に出た。テントが幾張りか張られている。この付近の山を縦走する人たちのものだろうか。この頃から次第に雲が出てきて周囲の山を隠し始めた。途中少しばかり手を使って岩場を登る所があったが、たいしたことはなかった。ガスの合間をぬうようにして山頂に着いたのは、登山開始から三時間三十分後であった。霧の合間に周囲の山が見えかくれするが、岩山続きである。どことなく日本の高山帯にも似ているが、一番大きな違いは、ひょっとしたらどこまで登っても羊に出会ったことだったかも知れない。

こうして私は、イギリスの三地方の最高峰に登ることができた。天候には恵まれなかったものの、起伏に富む登山道と周囲の景観は、日本でそれまで体験したものとは異なるものがあり、それなりに十分面白味があった。また、標高が低いのにいわゆる高山で味わう雰囲気に浸れるのも英国の山が高緯度にあるゆえの特徴なのかも知れない。このように、英国には高さにおいてめぼしい山は少ないが、英国がマロリーや現在のボニントンにいたる数多くの名高い登山家を輩出しており、また、明治時代に来日して、中部山岳地帯に「日本アルプス」の呼称を与え、広く世界に紹介した宣教師ウェストンも英国人である点は注目すべきであろう。

ゴルフも数回体験した。マートン・コレッジの先生のご紹介で、マートンから車で十五分ほどの所にあるゴルフ場でプロ・ゴルファーのレッスンを受けた。当たった時の手ごたえは何とも言えないが、空振りやボールのかわりに芝生を飛ばした時の感触は、ひじょうに情けないものがあった。プロの教え方はたいへん上手だと思ったが、私にはもう少し体を動かすスポーツの方に魅力を感じてしまった。しかし、ゴルフの本場イギリスでクラブを振ることができたことはよい思い出である。

これもスポーツのうちであろうが、競馬といえばアスコットが有名である。私も、一九八四年とその翌年の二回、六月にロイヤル・アスコットへ行くことができた。アスコットは実に華やかである。女王陛下をはじめ王室の方々を中心とするメンバーが馬車で競技場に入って来られると、拍手が起こり、一斉にトップ・ハットが取られる様は壮観である。女王陛下の競馬好きは有名であるが、おそばで拝見していてその様はよく分かった。私は、幸い王室の方々と同じ部屋に入れていただき、競馬はよく分からないものの、競技の一部始終を見られ、雰囲気に圧倒された。また、パドック（パレードリング）では、女王陛下が来られると、誰が何を言うのでもなく、ひとりでに人々の間に道ができていた。リラックスされた様子の女王陛下が印象的であった。私は、生まれて初めて馬券を買い賭けてみたが、見事に失敗した。わずか二ポンドほどの額であったため懐にはひびかなかったが。

冬のスポーツといえば何といってもスキーである。私は幸い二回の冬を、ともにリヒテンシュタインのハンス・アダム皇太子殿下のお住まいに数日滞在させていただき、国内はもとよりスイス、オーストリアのスキー場へも足を運ぶことができた。アダム皇太子殿下は、マリー妃殿下との間に三人の王子と一人の王女の四人のお子さんがおられ、一番上の王子ともどもスキー場をご一緒に回って下さった。アフター・スキーでのお子さんを交えた会話も大いにくつろいだ雰囲気であった。一年目は、リヒテンシュタイン出身の元スキー選手で、私が行った時はリヒテンシュタイン公爵家の警護官をしていた人が、終始コースの設定と案内をしてくれた。二年目は、オーストリアのスキー場で氷点下二十五度の時もあったが、ヨーロッパのスキー場の大きさを十分堪能した。

また、ルクセンブルクの大公殿下のご一家ともスイスのクランモンタナのスキー場にある大公のシャレーにおじゃまし、ご一緒に新雪スキーを楽しんだ。皇太子殿下のスキーはたいへんお上手であるとの印象をもった。また、ホール大佐一家ともフランスのメリベルで数日スキーをご一緒した。メリベルは冬季五輪の開催されたアルベールビルに近いところで、スキー場の規模でも有名であり、ホール一家とあちらこちらと回ったが、一日滑っていてもとても全部は回りきれないような広大なスキー場である。スキーを終えてから、ホール氏のお嬢さんと付近のスケート場でスケートも楽しんだ。ホール氏からはこの後しばしば、「プリンスはいつかは止まってくれると思っていたが全然止まってくれない。ノンストップのスキーにはいささか足がまいった」と言われた。

このように、留学中様々なスポーツに接することができたことは、たいへんよい思い出であった。また、人々との会話の中にスポーツの話題は欠かせないもので、スポーツをやっていることが会話のよき手助けになったことも事実である。

ところでイギリスの方には申し訳ないが、私は、イギリスの国技ともいえるクリケット(Cricket)のルールがどうしても理解できなかった。しかし、一面の緑の芝生の上に白いユニフォーム姿の選手が点在するクリケットのゲームは確かに一つの絵になるような気がするし、あの競技にイギリスの風景はよくマッチしていると思う。いずれにせよ、私にはクリケットのバットがどこか船のオールを思わせ、歴史的にその始まりがバイキングとつながるのではないかと想像したり、野球とクリケットとの関係を考えたりすることの方が、今の段階では魅力的な気がする。

8 オックスフォードにおける研究生活

なぜテムズ川の交通史を研究するにいたったか

私のオックスフォード暮らしをいろいろ紹介してきたが、最も大きなウエートを占めていたのはもちろん研究生活である。せっかく二年間もオックスフォードで過ごすのだから、日本でもできる研究などはしないでもよいのではないかと考えることもできよう。しかし、今思い返してみても、研究という一つの柱を通して私は数々の貴重な経験ができ、様々な人と出会え、研究者であればこそ味わえる感動を覚えたことも確かである。オックスフォードでの私の研究テーマは、十八世紀におけるテムズ川の水運についてであったが、私がどうしてこのテーマに出会い、研究を進めていったかをまず述べてみたい。

そもそも私は、幼少の頃から交通の媒介となる「道」についてたいへん興味があった。ことに、外に出たくともままならない私の立場では、たとえ赤坂御用地の中を歩くにしても、道を通ることにより、今までまったく知らない世界に旅立つことができたわけである。私にとって、道はいわば未知の世界と自分とを結びつける貴重な役割を担っていたといえよう。初等科の低学年の時だったと思うが、私はたまたま赤坂御用地を散策中に「奥州街道」と書かれた標識を見つけた。この標識自体は新しいものであったが、古地図や専門家の意見などにより、実は鎌倉時代の街道が御用地内を通っていたことが分かり、この時は本当に興奮した。さらに、初等科高学年の折に母とともに読破した芭蕉の『奥の細道』により、旅、交通に対する興味はより深まった。このこともあってのことと思うが、高校時代までの私の関心は、主に近世（江戸時代）の街道および街道沿いに設けられた宿駅《しゅくえき》の問題に向いていた。

大学では文学部の史学科に籍を置くこととなり、次第に、律令制のもとで整えられた古代の駅制と江戸時代に幕藩体制下で整備された近世の宿駅制との間にあって、まだ十分に研究の及んでいない中世の交通制度に関心が移ってきた。しかし調べ始めると、中世の陸上交通は史料などの制約も多く、最終的には比較的史料のある室町時代の海上交通を研究の対象とし、瀬戸内海における塩、米、木材を中心とする物資流通の実態の分析、研究で卒業論文を作成した。それでは、なぜ私が交通史の中でも中世瀬戸内海の交通を取り上げるようになったのかをお話ししよう。それはある史料に出会ったことがきっかけであった。その史料は、京都の歴史学者林屋《はやしや》辰三郎《たつさぶろう》氏が約三十年前に京都市内の古本屋で偶然発見されたもので、たまたま私は、林屋氏からこの史料がまもなく活字になることを卒業論文の準備段階でうかがった。それまで大学で研究を進める過程で、中世の海上交通が交通史研究の分野では未開拓であることを知り、海上交通を研究するのであれば瀬戸内海を対象地域として取り上げようと思っていた矢先であり、この史料の刊行は私の研究にとって実に有益なものであった。この史料は文安二年（一四四五）に東大寺が領有する兵庫北関（現在の神戸港）に入港し、関税を支払った全船舶の一年間にわたる詳細な記録で「兵庫北関入船納帳」と命名されているが、十四世紀中頃の北ドイツ、リューベック港での輸出入関税記録と並んで世界史的にも貴重な記録と評価されている。その後大学院で引き続き同じテーマを一年ほど研究し、英国へ旅立つこととなったわけである。日本の研究で身につけた史料の基本的な扱い方や読み方、探し方は、英文史料と邦文史料の違いはあるが、オックスフォードでの研究に有益であったことは疑う余地がない。

オックスフォード大学では、それまでの研究との関連から英国の水上交通史を研究しようと思っていたが、入学当初は具体的な内容の目途は立っていなかった。私にとって英国史は専門外の分野で、交通や流通といった問題はその時代背景を把握していなければなかなか理解しにくいことはいうまでもないし、日本での研究との関連で英国中世の水上交通を研究する場合、十七世紀頃までの史料はラテン語で書かれているため、いままでまったく勉強したことのないラテン語の史料を読まなければならないことが入学直後の私が直面した問題であり、二年間という限られた期間でこれをどう克服し、研究を進めていくかは緊急の課題であった。

マサイアス先生と

このことは、マサイアス教授とご相談の上で解決することとなった。すでに述べたように私の留学中の直接の指導教授は、スーパーヴァイザーとしてオール・ソウルズ・コレッジのマサイアス教授、コレッジ内で私の研究の指導・助言をして下さるインコレッジ・テューターとしてハイフィールド博士がおられた。マサイアス先生の専門は英国近代経済史で、著書『最初の工業国家』は日本語にも翻訳され、英国近代経済史の入門書として広く読まれている。一方のハイフィールド先生の専門はスペイン中世史ではあるが、オックスフォードの歴史もよくご存じで、一九八八年にはオックスフォードとケンブリッジの建築について写真入りで本を出された。お二人には、すでに入学前からティーに招待されるなどして面識はあったが、入学後の最初の学期を振り返ってみると、マサイアス先生からは主としてテュートリアルを通じて史料の面で、またハイフィールド先生からは散歩を通じて実地に見聞を広めることにより、テムズ川水運史研究への道を開いていただいたといえる。

最初の学期には、研究対象を何に絞るかという結論は出なかった。マサイアス先生の指導は、テュートリアルで日本の交通史の概略をまとめることから始まった。古代から江戸時代にいたる交通史を概観したエッセイになったが、マサイアス先生からは、自分の意見をもう少し書くようにと言われ、なぜ日本では馬車が発達しなかったのかを少し考えるように指摘をされ、早くもこれから先が大変だなと思わざるをえなかった。テュートリアル以外には、英国近代経済史の概要を把握しようとマサイアス先生の授業に出席した。授業は六十分単位で、教室はエグザミネーション・スクールズのさほど大きくない教室を使い、二十〜三十人の履修者がいた。先生はガウンを着て、教室の奥にある講義台にペーパーを載せ、格調高い響きで話され、時には板書をしつつ説明された。先生の講義をその場所ですべて理解することは私の語学のレベルからいってまだ難しかったので、先生の許可を得てテープ・レコーダーを持ち込み、自室で講義の内容を復習した。時間はかかったが、講義の理解は深まり、研究の上でも参考になった。また、セント・アントニーズ・コレッジのパトリック・オブライン博士による同種の講義や、ボドリアン図書館で行われる歴史研究入門者を対象としたゼミナールにも出席した。後者では、コーディネーターの先生の他に、毎週講師が変わり、主として歴史的資料をどう扱うかという観点からの話がなされた。中でも、ボドリアン図書館の使用方法の解説はたいへん参考になった。講義は学期ごとで完結する。これは最初の学期ではなかったが、オックスフォードの建築史の講義を、マサイアス、ハイフィールド両先生のお勧めによりたいへん興味深く聞いた。私はこの他にそれまでの問題関心にそってマサイアス先生もよくご存じの英国の運河に関する本を読みつつ、基礎知識をつけることに重点をおいて学習した。

結局最初の学期は、研究を開始するまでにはいたらずに終わってしまった。次の学期に入ったある日、私はマサイアス先生にテムズの水運について研究したい旨をお話しした。前学期の印象として、テムズ川は英国内にあっても物資の流通路として重要な役割を果たしているように思えたし、何より、オックスフォードを流れていることで、よりこの川への親しみも募っていた。さらに、オックスフォードを貫流しているということは、必然的にオックスフォードでテムズ川に関する史料を比較的容易に収集できるのではないかという私の推測があった。先生はしばらく考えられ、一番の問題はどれだけ史料があるかということであり、史料の点では、まだ誰も研究していないオックスフォード州内を通る有料道路（ターンパイク turnpike）に関する史料がオックスフォード州文書館（Oxfordshire County Record Office）にあるから、それを使ってみたらどうか、それなら一つの史料でまとめられるだろうから、と言われた。しかし、私としては今までの研究との関連から陸上よりぜひ水上交通を研究したいと話したところ、先生はそれなら史料があるかどうか文書館へ行ってみようと私を誘われた。

文書館は、市の中心から少し西に寄ったカウンティー・ホールの地下にある。当日マサイアス先生とは文書館で落ち合う約束をしていたので、私は先生から教わったカウンティー・ホールを訪ねた。ホールの場所はすぐに分かったが、地下への降り口が分からない。しかたなく、警護官と一緒にホールの正面玄関を入った。中には、身なりを整えたいかめしい感じの人が数人いた。一瞬私は入口を間違えたと思ったが、その中の一人が「貴方がたが誰か知っていますよ」と言い、私が文書館への行き方を尋ねると、親切に教えてくれた。それにしても、ジーンズ姿の私が誰かよく分かったものだ。もちろん、文書館への訪問はまったく私的なものであり、マサイアス先生にしてもカウンティー・ホール側へ連絡されるはずがない。今でもこの日のことはよく記憶に残っている。文書館は地下とはいっても明るく、年輩の方から、ご婦人、はては学生風の人まで思い思いに一所懸命史料を読んでいる様が印象的であった。後で聞いたことであるが、イギリスでは、一般の人々が自分たちの家系をたどることにたいへん興味をもち、文書館の利用者の約三分の二が家系探索を目的にしているという。私も、利用するたびにヴィジターズ・ブックに署名し、その日の使用目的を記入していたが、家系調査をする人がいかに多いかは、ヴィジターズ・ブックへの記入内容からも明白であった。閲覧室には、史料の所在を示すカード・ケースや書籍、目録類、史料に関する様々な情報が入っているファイル類などが、壁際の書棚にぎっしりと詰まっており、その高さは天井近くまで達していた。マサイアス先生は、さっそくアーキヴィストを私に紹介して下さった。バーンズさんというその方には、それから先オックスフォードでの研究生活の上でたいへんお世話になることとなった。先生は、まず手始めにバーンズさんに私が現在取り組もうと思っている研究の概略を話され、テムズ川関係の史料がどのくらいあるか尋ねられた。バーンズさんは、いったん奥へ引っ込み、やがてほこりだらけの一メートル近い大きさの箱とともに出てこられた。なんとそこにはおびただしい点数のテムズ川に関する史料が入っていた。ほこりにまみれた何の変哲もない箱の出現が、私の二年間の研究テーマを決めたのである。

ここで、テムズ川の概略を紹介しよう。テムズは、イングランド西南部グロースター州の丘陵地の東斜面テムズ・ヘッドにその源を発し、全長約三百四十キロ、英国ではセバン川に次いで長い川である。ちなみに、テムズの長さは、日本の最長河川である信濃川より約三十キロ短い。流域の町としては、下流からロンドン、ウィンザー城で有名なウィンザー、レガッタのヘンリー・オン・テムズ、レディング、アビンドン、オックスフォード、リッチレードなどがある。ロンドンがローマ人の町であったのをご存じの方もおられよう。実際、ローマ人がテムズを遡行《そこう》する際、地形の上からも船舶の大きさの面でも現在のロンドンは格好の上陸地点であり、ここに港湾としてのロンディニウムの町が出来上がる。なお、テムズ（Thames）の語源についてマリ・プリチャード、ハンフリー・カーペンター共著 *A Thames Companion* では、「暗い」を意味する Teme をあげている。ケルト人は河川に対する信仰をもとに、沼沢地も多く近づきにくい未開発のこの河川を「暗い」、「神秘的」であると受けとめ、この印象がその後の諸民族にも引き継がれて、「テムズ」川と呼ばれたのであろうと推定している。まことに興味深い説である。

文書館でこれらの史料を読み始める前に、私はマサイアス先生およびバーンズさんとも話し合った上で、まずテムズ川におけるビールやウイスキーの原料となるモルト（malt）の運搬船の船頭や運搬量の実態を調査すべく、文書館所蔵の「オックスフォード州四季裁判所記録」（*Oxfordshire Quarter Session Records*）から読み始めることとした。なぜモルトを取り上げたかというと、モルトには税が課せられており、輸送中の事故などによりモルトが失われた場合には、モルト商人はすでに納入済みの税の補償を法廷に訴えることができ、その記録から、モルト商人の居住地や、輸送量、船の沈没箇所といったモルト輸送に関する実態が分かるからである。すなわち、モルトが物品税の対象であり、それがゆえに古い記録が残されているのである。ちなみに、この時点で私は、研究対象の時期をほぼ一七五〇年から一八〇〇年の間と考えていたので、必然的に史料もこの期間を中心に調査した。もっとも私が見た史料はいわゆる原本ではなく、今世紀に入ってから書き直されたものであり、幸い文字も読みやすく、十八世紀当時の手書きの史料にまだ慣れていない私にとってはとても助かった。しかし、読み進むうちに誤写と思われる箇所もあり、原史料に当たる必要もあった。

次に私が行ったことは、オックスフォードのボドリアン図書館にある「ジャクソンズ・オックスフォード・ジャーナル」（*Jackson's Oxford Journal*）を調べることであった。このオックスフォードで発行された週刊の地方新聞には、オックスフォード州のテムズ川沿いの町に住む船頭の名前や人数、テムズ川における船舶の航行をより円滑に行うために設けられたテムズ・ナヴィゲーション委員会（Thames Navigation Commissioners）の河川改修事業に関する会議の詳細、モルト商人や石炭商人などの川を交易に利用した商人に関する情報など、ひじょうに興味深い記事が載せられていた。一七九〇年までの記事はオックスフォードの文書館に索引があり、幸い新聞を一枚一枚めくることもなく、あまり苦労もなく必要箇所を調べられたが、その後の一八〇〇年までの十年間はどうしたことか索引はなく、私はボドリアン図書館の一室で、バインダーで綴じられ、開くとほこりが舞い上がる新聞を一枚一枚めくりつつ、要点をカードに書き出すことを余儀なくされた。特に、軽い花粉症にかかっていた時期は苦労した。結局索引のある一七九〇年までは最初の年のうちに終わったが、残りの十年分は他の史料調査と並行して調べたこともあり、全部が完了したのはオックスフォードを去る直前であった。

ここで、ボドリアン図書館について概略を述べておく必要があろう。オックスフォードの学生および研究者にとって何よりもありがたいことは、このボドリアン図書館の存在である。もともと十五世紀の後半にデューク・ハンフリーズ図書館（Duke Humfrey's Library）として建てられ、十七世紀にトマス・ボドリー卿によって再建築され、現在の蔵書数は刊本百五十万冊、写本は四万部を超えるという。ちなみにこの図書館は英国国内で出版された本がすべて自動的に納本される数少ない図書館の一つである。なお、図書の館外貸し出しはいっさい行われていない。これは創設者ボドリー卿の考えで、たとえ国王であろうともこの原則に従わねばならなかったそうである。古くからの本が多く保存されていることもあってか、コピーはなかなか思うように取れず、断わられることが多い。また、コピーが許されても時間がかかるので、閲覧室で本を筆写する学生および研究者の姿が目につく。

ところで、ボドリアン図書館の使用許可証を取るには、指導教授の承認と推薦が必要である。私の使用許可証は、マサイアス先生も同行して下さり、あまり複雑な手続きもなく取ることができたように記憶している。いま、残念ながらその一部始終は覚えていないが、書類に必要事項を記入した後、許可証にはる写真の撮影に入る。ものすごい閃光を浴びた私の顔写真は上を向き、どことなくびっくりしたような表情である。しかし、私にはそのこと以上に、許可証を受け取る際に利用者が守らねばならない諸規定（例えば本を大切に扱うといった）が書かれた一枚の紙をわたされ、許可証の受領者はそれをその場で母国語で音読しなければならないことに驚いた。私の場合は、日本語のものがありそれを読み上げたが、この「宣誓文」は必ずしも良い日本語ではなかったようにも思った。聞くところによるとボドリアン図書館の、十七世紀以来の伝統であるという。

ボドリアン図書館に入る際には、入口で使用許可証の提示が求められる。本を探すには、まずリーディング・ルームの膨大な量のカタログを見る。アルファベット順に製本された目録は、一九二〇年出版までのものが一室に、それ以降は隣室に架蔵されている。したがって、本を手早く探すには少なくとも出版年次が一九二〇年の前か後か知っておく必要がある。カタログは、書名でも著者名でも引くことができる。探している本が自由に閲覧できる場所にある場合は問題がないが、書庫にあるものについては請求票に必要事項を記入して所定の場所で注文し、本の出てくるのを待つが、私がいた頃は司書がいちいち書庫に行って取ってくる仕組みであり、比較的時間がかかることから、前日の午後に注文をして翌日の朝にその本を見に行くようにしていた。

ボドリアン図書館には、すでに述べた分室に相当するラドクリフ・カメラとニュー・ボドリアン図書館（以下「ニュー・ボドリアン」と記す）および自然科学系のサイエンス・ライブラリーなどがある。ラドクリフ・カメラは、ラドクリフ広場に建つ外周が円形で上部に巨大なドームのついた建物で、地下でボドリアン図書館と通じている。ニュー・ボドリアンは、ボドリアン図書館からブロード通りを隔てたところにある。私が探していた「ジャクソンズ・オックスフォード・

ジャーナル」は、ニュー・ボドリアンにあった。

この新聞を見に初めてニュー・ボドリアンに行った日、私はここでは入口で荷物を預け、必要なもののみを中に持って入る仕組みであることを知らなかったので、入口のポーター（受付）が下を向いていたのをいいことにそのまま入ってしまった。しかし、出る時には運悪く持ち物を持って入ったことが分かってしまい、呼び止められ、持ち物は必ず預けるようにとの厳重な注意を受けた。聞くところによると、古い本や史料などを必要なところだけ切り取って持ち帰る人が後をたたないという。またある時、この図書館の出口で預けた荷物が出てくるのを待っている間に、突然見知らぬ男性から「マートンの食事が懐かしい」と声をかけられたことがあった。私が、当日、マートンのエンジ色のマフラーをしていたためであろう。このようにコレッジごとにマフラーの色は決まっているのである。

ニュー・ボドリアンについてはもう一つ思い出がある。それは、私の傘が盗難にあったことである。かなり強い雨の日だったと記憶しているが、私は、その少し前にロンドンで買った傘をさして、ニュー・ボドリアンに行った。一階には傘たてがあり、私は、うかつにもその傘たてに買ったばかりの傘をさしたまま、二階のリーディング・ルームへ入り、「ジャクソンズ・オックスフォード・ジャーナル」の調査に当たった。読み終わって出てくると、私の傘がない。誰かが間違えたか、雨なので故意に持ち帰ったのであろう。雨は先ほど以上に強くなっている。ポーターに傘がなくなったことを告げたら、「またやられたか。今日はこれで何件も発生してる」とのことであった。ポーターの人は、いちおう何か分かったら連絡すると言ってくれたが、無理な話である。結局雨足の激しい道を十分近くコレッジまでずぶ濡れになって帰った。その傘は気に入りのものだったため残念であったが、誰かが濡れずに帰ったのだと思えば、まあそれなりの貢献をしたことにもなろう。コレッジに帰り私が風呂に直行したことはいうまでもない。

それにしても、「ジャクソンズ・オックスフォード・ジャーナル」の記事はテムズ川関係のもの以外でも興味深いものが多かった。オックスフォードで行われていたコンサートの記載などは、少し時間をかけてみたかったものの一つである。結局、オックスフォードでの最初の年は、講義への出席の他は、文書館や図書館での当時の法廷記録および新聞の調査などで終わってしまったが、テムズ川の水運史研究の方向が見えてきたように思われた。

この間マサイアス先生とのテュートリアルも毎週または隔週に行われた。オール・ソウルズ・コレッジのマサイアス先生の部屋は、シェルドニアン講堂を作ったレン卿の弟子のホークスモアが設計した通称ホークスモア・タワー（Hawksmoor Tower）の三階にある。二階には、ホール邸滞在中マサイアス先生にオール・ソウルズ・コレッジの昼食に呼んでいただいた際に同席されたニーダム博士の部屋がある。マサイアス先生の部屋は入口の近くにソファーがあり、奥には先生の勉強机がある。右手奥には扉があり、電話やタイプ用の部屋がある模様である。テュートリアルはソファーのところで行われる。エッセイの提出を求められている時は、事前に先生にペーパーをお届けし、当日はその批評を中心にうかがうこともあったが、研究の進行状況や、質問点などを整理してお話しする日には、私から最初にいろいろとお話をして先生がそれに対してコメントをして下さる形で進んだ。先生は、ひじょうに分かりやすく問題点の指摘をされ、それに関してはこういう本を読むとよいといった的確なアドバイスをして下さった。時折、史料や本を探しに勉強机の所に戻られる。先生の机の上は常に書類や紙の山であるものの、一、二回を除き、後はすべてお探しの物は出てきたように記憶している。「整理が必要だ」とは、テュートリアルの際たびたび先生からうかがった言葉である。テュートリアルでのエッセイは、主として十八世紀のテムズ川における石炭輸送やモルトの輸送についてであったが、先生からはそのつど多くの参考図書の提示があり、私はボドリアン図書館はもとより、ボドリアン図書館とは目と鼻の先にあるブロード通りの、歴史部門の専門図書館やマートンの図書館でそれらの本を探し歩いた。石炭輸送の本を探しに歴史部門の専門図書館まで行っても見つからず、膝元のマートンの図書館で偶然に見つけた時は、嬉しいやら肩の力が抜けるやらの思いをした。

テムズ川での石炭やモルトの輸送実態については、すでにいくつかの史料が手元に集まっていたが、一つの物品に絞りエッセイを書くということは、テムズ川地域だけを射程に入れたのでは不十分であり、他の地域はどうだったか、果ては十八世紀という時代の中でその物資の流通した意義も考えねばならず、その意味でも本からの知識は貴重であった。しかし、与えられた時間内で膨大な量の本を読むためには速読の技術が求められる。テュートリアルの初期にはこれが重荷だった。もちろん本の切り張りでは駄目で、そこに自分の解明したことや意見が入っていなければならない。それにプラスして英語で書かねばならないことは、エッセイ作成につぎこむ労力を多大なものにした。

エッセイの提出が求められる週は就寝が深夜になることもしばしばであった。エッセイはすべて手書きだったので、さぞ読む先生は苦労されたであろう。本の速読も慣れてきて、エッセイも少しずつ進歩したかと思う頃、先生から「このエッセイは前回に比べ“much much better!”である」と言われた時は嬉しさと同時に前回はよほど悪かったのかと半ば落胆し、次回はどう言われるか若干心配になった。エッセイの批評の後には必ず今後の課題や、問題点の指摘をされた。また、良いと先生から言われてもいくつもの英語のミスが文中にあったことも付け加えておきたい。このように、テューートリアルと私個人の研究とは密接不可分のものであった。なお、私は、普段は、ジーンズが多かったが、テューートリアルに行く時はだいたいネクタイを着用して行った。テューートリアルが終了すると、次回のテューートリアルの日時を決め、先生とお別れをする。エッセイがなかなか書けない時はかなり厳しく早く書くようにと言われたこともあった。しかし、なお、テューートリアルの後は、先生はだいたい、“good”や“very good”の言葉で送り出して下さった。

なお、テュートリアル終了後に部屋に備え付けのシェリー酒をご馳走になることもあった。

このように、マサイアス先生とのテューートリアルはたいへん充実したものであったが、私はここで学習院大学文学部史学科の日本中世史ゼミ（安田元久先生が指導に当たられたため、以下「安田ゼミ」と呼ぶ）における師弟関係と、私の体験したオックスフォードのそれとの相違点について記してみたい。安田ゼミでは、日本中世史専攻の二〜四年の学生が一緒に出席し、各年次の学生が数人ずつ入っていくつかの班を形成し、鎌倉時代の幕府方の記録をテキストとして輪読する。したがって、下級生は班内で絶えず上級生からの指導を受けることができる。また、中世史専攻といっても研究対象がバラエティーに富むため、安田先生の指導に加えて、学習院大学において二十年近い指導歴をもたれる安田先生の門下生がいわばサブ・ティーチャーになり、自分たちの専門分野に近い学生の面倒を見る。そのような方々が、卒業論文作成過程での合宿にも顔を出して下さるし、自分と専門分野の近い先輩を探すことも可能である。私も、卒業論文作成の際には、先生はもとより卒業生の方々で流通に詳しい方や必ずしも流通史が専門でない先輩からも、史料の読み方や分析の手法で多くのことを学んだ。つまり、ゼミに出席することにより、自分より数年上の上級生から、二十年近い先輩まで、多くの方々の指導の恩恵に浴せるのである。

一方、オックスフォードでは、マサイアス先生とのテュートリアルは先生のお部屋で行われるし、それとは別にマサイアス先生のゼミに出ることはあっても、安田ゼミほど頻繁に他のマサイアス門下生との接触の機会はなかった。したがって、マン・ツー・マンによる徹底した指導がなされるものの、他の研究者——その多くが研究分野において多少とも似通った研究をする人——と知り合う機会は少なかったように思う。この点において、安田ゼミで私が経験した縦のつながりを重視したサブ・ティーチャーによる指導方法は、研究関心を共に分かち合い、研究上の問題を議論できる研究仲間と知り合うよい機会を与えてくれた。

オックスフォードでの最初の年も終わりに近づいた十二月半ばには、マサイアス先生に、イングランド北西部シュロップ州のセバン川に架かるアイアン・ブリッジ（Iron Bridge）とその博物館に連れて行っていただいた。アイアン・ブリッジは一七七九年に完成した世界で最初の鉄製の橋であり、産業革命期を研究している私にとって見逃せない対象物である。先生に橋の説明をしていただき、先生とキュレーターの案内で隣接する博物館を見学した。一八三八年に建てられた倉庫を利用して造られた製鉄博物館や十九世紀末まで操業していた製鉄所の跡地に出来た野外博物館などを見て回った。中でも、産業革命推進の原動力となった第一号溶鉱炉が今でも保存されているのが印象的であった。また、マサイアス先生は世界各地の経済史専攻の学者をご存じであり、私が大陸諸国を訪問した際にも、先生に紹介していただいた学者や研究者の案内で歴史的な場所を訪ねることもあった。フランスでいくつかの運河を見た時、ノルウェーのベルゲン市内を見学した際などがそれである。

二年目になると先生は私に、先生以外の指導者を一人専門につけたらどうかとアドバイスして下さった。その方はモーガン博士といい、オックスフォードはニュー・コレッジの卒業生で、マサイアス先生のお弟子さんである。当時はオックスフォードから西へ百キロ程行ったブリストルの大学で教えておられ、専門は英国貿易史でマサイアス先生のお口利きではるばるブリストルから出向いて、指導して下さるようになった。

文書館をめぐる

モーガン博士は、ジンジャー色の髪をして顔つきも少しばかりいかめしく、最初は多少取っつきにくい感じもしたが、お話をうかがえばうかがうほどよい方であることがわかり、水運史は専門でないにもかかわらず、この機会に勉強しておくのもよいと思ったと言って下さった。博士はファゴットも演奏され、音楽にもきわめて造詣の深い方であった。

私がテムズ川の上流地域を研究対象としたのは、まさに地の利を得ていたことが大きな理由であるが、テムズ川がロンドンにいたるまでにはグロースター、オックスフォード、バッキンガム、バークなどいくつかの州を通っている。したがって、テムズ上流地域を研究対象とする場合でも、オックスフォード州のみならず河川沿いの他の州の文書館や図書館で史料を集めることも必要となり、これが二年目の大切な調査となった。モーガン博士も都合のつく限りこれらの史料調査に同行して下さった。

私は手始めにレディングにあるバーク州文書館に四、五回足を運び史料調査に当たった。この文書館は、オックスフォードのそれとは比べものにならないほど近代的なビルの一角にあり、スペース的にも広々と実にゆったりしているが、オックスフォードの方がアーキヴィストと利用者の関係がきわめて密であり、研究のための雰囲気はまさっていたように思った。ここの史料調査では、テムズ・ナヴィゲーション委員会の「河川状況調査書」およびバーク州の「四季裁判所記録」を通じて当時のテムズ川の航行状況やモルト運搬の様子が分かったが、この調査書は手書きが多く、判読には苦労した。

また、テムズ川の源流、グロースター州にあるグロースター州文書館や図書館にも幾多の史料があった。この文書館には、十八世紀後半に物資輸送を円滑にするために河川と河川とを結ぶ運河交通が盛んになり、一七九一年にはテムズ川とセバン川がグロースター州のリッチレード（テムズ川の航行可能な最上流地点）付近で、テムズ・アンド・セバン運河（Thames and Severn Canal）により結びつけられたが、この運河を経営するテムズ・アンド・セバン運河会社の豊富な史料が所蔵され、十八世紀後半のテムズの流通体系を調べる上でもたいへん有益だった。これ以外にも、水運関係の幾多の史料が発見できた。

この他、オックスフォードから車で一時間ほどのところにあるエイルズベリーのバッキンガム州文書館、ロンドンの国立公文書館（Public Record Office）やギルドホール（Guildhall）の図書館にも行った。バッキンガムの文書館では、研究に有用な史料はさほど多くはなかったが、ギルドホールの図書館で見つけたロンドンの保険会社の記録からは、テムズ川沿いに住む船頭、石炭業者、モルト商人が自分たちの財産に掛けた保険料と所有財産が分かり、社会的地位を調べる上で参考になった。この史料は、十八世紀当時の「サン・ファイアー・インシュアランス記録」（*Sun Fire Insurance Record*）で、コンピューターで打ち出されてたいへん見やすかったが、おびただしい分量のデータに目を通し、その中から上記の人物を抽出していく作業は骨が折れた。

こういった場所に行く時はむろん英国側の警護官も一名同行するが、彼は自分の興味のある本を読んだり、必要に応じて史料をカードに取ってくれたり、判読不可能な文字を一緒に解読してくれたりもした。レディングの文書館は州の建物の一角にあるため、食堂も同じビルの中にあったが、ギルドホールの場合はそうはいかない。このような場合、図書館まで送ってくれた運転手の人が、合間に最寄りのパブを探してくれた。幸い、すぐそばによいパブが見つかり、私はギルドホールに行く時はこのパブを愛用した。一口にパブといっても、ロンドンのシティーにあるパブはオックスフォードに比べ利用者の感じも違う。背広にネクタイ姿の人々が、テーブルにつけない時はちょっとしたスペースを見つけて食器を置き、ビールを片手に談笑している姿は、オックスフォードのパブではあまり見られない光景であった。

これは、後日モーガン博士から聞いたことだが、たまたま私たちがギルドホールの図書館に行った時、ある日本人の研究者が同じ場所におられたそうだ。私が史料をNaruhitoと記名して請求したところ、係の人が同じ東洋人とみたのか、間違えて“Mr. Naruhito”と言ってその人の前に私の請求した史料を置いてしまい、その方は大いに慌てたとのこと。請求した史料はすべて滞りなく手元に届いていたため、このようなハプニングがあったとは知らなかったが、それからしばらくしてモーガン博士は、マサイアス先生と一緒に英国のある場所で会議に出て、偶然その方と会ったという。先方は、モーガン博士が私のそばにいたので、博士を私のボディー・ガードだとその時思ったそうだ。偶然といえばあまりに偶然であるが、面白いこともあるものだ。

ロンドンでは、キュー（Kew）にある国立公文書館（国立公文書館は、キューとチャンスリー・レーンの二カ所にある。私が研究対象とする時代の史料は、キューにあり、古い時代の史料はチャンスリー・レーンにある）とグレーター・ロンドン文書館（Greater London Record Office）へも史料調査に行った。国立公文書館ではそれほど関係史料を見いだせなかったが、私が興味をもったことは、ここでの史料の請求方法であった。まず、コンピューターに必要な情報を全部キーボードで登録し、ポケット・サイズの受信機をもらう。請求した史料が出揃うと、赤ランプが点滅し、また発信音が聞こえて、その受信機が自動的に知らせてくれる仕組みであった。ちなみに、この建物のどこにいても受信機は機能するとのことである。グレーター・ロンドン文書館では、幸いテムズ・ナヴィゲーション委員会が出資を募った額とその応募者（人名と職業）の一部を見つけたため、それを筆写してきた。

このような史料調査と並行して、オックスフォード内でも様々な書物や文献を探索した。*The Victoria History of the Counties of England* は各州の歴史が詳細に叙述されており、テムズが通過する州の歴史を調べる上でたいへん参考になるとともに、水上交通研究の上での有益な記述も多く見られた。また、ラドクリフ・カメラの地下にある「議会史料」（*Parliamentary Papers*）も見過ごすことができなかった。河川改修工事や運河建設には議会の承認が必要であり、このことは議会の史料に水運関係の情報が多いことを意味している。実際に私は、議会史料を見た時、その情報が豊富な点に驚いた。河川改修工事の状況、船舶の航行数、問題点は何かといった点が細かく記されている。「議会史料」は活字になっており判読の労は免れたものの、細かい活字を追い、しかも古い史料を保存する場所特有の臭いの中でカードに写したり、表にまとめたりする作業も今にして思えば懐かしい。さらに、ボドリアン図書館で見た *The Universal British Directory* には、当時の各地の商工業者の名簿が掲載されており、輸送業者、石炭商人、モルト商人を調べるのに有益であった。ところでダニエル・デフォーと聞けばすぐに『ロビンソン・クルーソー』が頭に浮かぶが、彼は旅行作家として十八世紀に英国内を旅し、各地の様子を細かく観察している。彼の著書には、石炭の価格や輸送手段・経路、レディング・ロンドン間のモルト交易の様子などが記されており、たいへんに参考になった。この他、オックスフォード市の図書館で見つけた十八世紀のオックスフォード市の徒弟の「年季記録」(*Oxford City Apprenticeship Records*) は、当時のオックスフォード市における輸送業者やモルト商人を特定したり、師弟関係を調べるのに役立った。

史料調査はこのように一つずつ文献の必要箇所をカードに取る形で進めた。はじめのうちは史料の読み方や解釈に時間を要したが、こういった場所で生の史料に当たり、ある時は読みにくい文字に奮闘しながら、またある時は舞い上がるほこりを吸いながら取り組むことは、何か史料を通してその時代の温もりを感じるような気がしてひじょうに嬉しいことであった。また、文書館の人々はたいへんに親切で、どうすればその史料を見いだせるか、探し方を十分に熟知していると見受けられた。ことに、バーンズさんをはじめとするオックスフォード州文書館の方々の協力はひとかたならないものがあった。判読しにくい文字を教えてくれたことはもとより、常にテムズ川水運関係の史料がどこかにないか気をつけていてくれた模様で、行くたびに何か新しい情報を得るといっても過言ではなかった。

ハイフィールド先生と

オックスフォード留学中の楽しい思い出は枚挙にいとまがないが、私が入学後最初に知的興奮を覚えたのは、コレッジ内の指導教授であるハイフィールド先生との、オックスフォード歴史散策である。

ハイフィールド先生は、オックスフォードのモードレン・コレッジの卒業生で専門はスペイン中世史であるが、イギリス史にも理解が深く、近年は『オックスフォード大学史』の一巻に、初期のオックスフォードのコレッジについて四十頁ばかりの論文をのせている。また、オックスフォードとケンブリッジの建築物を比較し、写真入りでそれぞれの様式を解説した著書を一九八八年に刊行されたことはすでに紹介したとおりである。私の留学中はその本の執筆中で、私がオックスフォードを去ることになった一九八五年の夏頃は、カメラマンをつれてオックスフォード市内を歩かれている先生の姿をよく見かけたものだった。

先生は五十歳から六十歳の間に見えるが、独身で、コレッジ内部に住んでおられる。白髪でいかにも度の強そうな眼鏡をかけ、その風貌といい、冗談を言われる時とかすれちがった時にちらりと見せる笑顔といい独特の雰囲気があり、ほうきにまたがって飛んでいく魔法使いを思わせる。

私は入学の直後から必ず毎週一回、自室に先生の訪問を受け、勉強の進捗状況を話し、その後先生に伴われてオックスフォードの歴史的建造物を見る散歩に出かけた。正直いって私は、一回目の散歩の折にはこれから書き記すような約十回にわたる「歴史散策」が始まろうとしていることに気がつかなかった。先生はただ気ばらしの意味で私を散歩に誘われたのだと思っていた。それはともあれ、私はこれらの散歩を通じてオックスフォード市の歴史を概観できたことはいうまでもないが、あわせて建築物を歴史的に見る楽しさを覚え、さらには自分の研究分野となったテムズ川の水上交通とオックスフォードとの関係にも知識を深めることができた。

ハイフィールド先生との一回目の散歩は、一九八三年十月十五日、土砂降りの雨の中で行われ、クライスト・チャーチ・メドーを約一時間かけて一周した。その過程で先生は、テムズ川の流路が中世には現在と異なっていたこと、マートン・コレッジとクライスト・チャーチ・メドーとの境の塀は中世のオックスフォード市の城壁の一部であること、十七〜十八世紀のオックスフォードの船頭、船主の居住地がクライスト・チャーチ・メドーとテムズ川とが接する地点からそう遠くないフォリー・ブリッジ付近に存在したことなどを説明された（先生はこの時点で、すでに私が漠然と河川交通に興味があることをご存じであった）。道すがらうかがった先生の説明は、私にオックスフォード市の歴史およびテムズ川とオックスフォードの人々との関係の歴史へと興味をかきたてるのに十分であった。私はこの時一種の知的興奮を覚えたことを今でも鮮明に記憶している。と同時に、雨ですべるから気をつけるようにと私に注意され、自らは見事に転ばれた先生の姿も強く印象に残っている。

先生との散策は、主として週末の土曜か日曜に行われ、最初の学期だけでも七回に及んだ。今、日記をもとに行った場所を整理してみると、十月十五日—クライスト・チャーチ・メドー、十月二十二日—植物園とモードレン・コレッジ、十月二十九日—クイーンズ・コレッジ、十一月五日—ユニヴァーシティー・パークと北部オックスフォード、十一月十二日—ウスター・コレッジ、十二月四日—イフリー・ロックと教会、十二月十一日—オックスフォード城付近、といった具合である。

先生はただ単に、通りすがりに見えた古い建物をアトランダムに取り上げて説明されるのではなく、説明する対象物を二、三に絞り、重点的に解説されたため、私はその散策で先生が私に何を見せたいかを容易に理解できたし、心に残るものも多かったように思う。そのいくつかを挙げれば、植物園の入口に立つ十七世紀クラシック風の門、モードレン・コレッジから渓流沿いに少し上がった所にある十一世紀の検地帳ドゥムズディ・ブックにもその名が見える水車、クイーンズ・コレッジの十八世紀に完成した図書館の天井とチャペルに見られるプラスター・ワークやホークスモアによるバロック式の門、ユニヴァーシティー・パークに併設する今世紀に造られたウルフソン・コレッジの建物、バンバリー通りに立ち並ぶ煉瓦造りのヴィクトリア朝ゴシック様式の建物等々である。先生は、「十三世紀から十五世紀に流行したゴシック・スタイルはヴィクトリア朝に復活します」と言われ、ゴシック建築の特徴の一つである上部のとがった入口および窓を指差されたことを記憶している。

十二月四日のイフリーへの散策に先立って、先生は私をマートン・コレッジの図書館に案内され、緑色の分厚い本のある部分を示しながら、「ここに、一六二四年の議会で今度行くイフリーにロックを作ることが決議された旨明記されています。その主目的は、オックスフォード近郊のヘディングトンでとれる石をロンドンの建設用材に使うべくテムズ川を下し、ロンドンから逆に暖房用の石炭をオックスフォードへ上げるためです。今回の散策では、このロックと十二世紀に建てられた教会を見ましょう」と語られた。ハイフィールド先生が示された史料は、当時のオックスフォード付近がまだ船の便に恵まれず、その解決のために多くの努力が傾注されたことを示唆していた。

イフリーへの散策は、秋晴れの心地よい日であった。先生は、英国の建築史学者ベブスナーの著したオックスフォード州の建物に関するものをはじめ数冊の本を小脇にかかえ、テムズ川沿いの小道をまるで何かに引っぱられているかのように精力的に歩かれた。そのスピードは速く、私はついていくのにかなりの努力を必要とした。この時私は、先生が以前クライスト・チャーチ・メドーの散策の折にふと口にされた、「クライスト・チャーチ・メドーを歩きながらエクササイズをする」という言葉の意味がよく分かったと同時に、歩く速度そのものににじみでる先生の学問への情熱に感化されはじめていた。

イフリーのロックは、教会のある小高い丘の下に位置し、景色も美しい所である。現在では新しくなったロックの前にレジャー用の数艘の船が門の開くのを待っており、数人の人が楽しそうにおしゃべりをしていた。そこには、かつての航行時の困難やロックを建設するのに払われた苦労をしのぶよすがもなかった。しかし、ロックがどのように機能するかということを目の当たりにできたことは、私のその後の研究にも大いに役立った。私たちは、ロックを横切り、イフリーの教会へと向かった。舗装された教会への上り道は車も少なく静かであり、古色を帯びた周囲の建物とも相まって、中世さながらの雰囲気を漂わせている。教会は丘の上に位置し、小さいが均整のとれた気品のあるもので、私は一目でこの教会が好きになった。正面のノルマン風の装飾を施した扉は十二世紀にできたものとは思われない保存状態の良い見事なものである。先生は、ノルマン建築特有の円形アーチと戸のまわりの装飾について細部にわたり説明して下さった。丘の上にひっそりとたたずむ十二世紀のその教会の古さといい、形といい、私には忘れられない散策となった。

この学期最後の散策として、先生は私をオックスフォード城へ案内された。オックスフォード城は、ノルマン・コンクェストの五年後の一〇七一年、ウィリアム征服王からオックスフォードのガバナー（知事）に任命されたロバート・ド・オイルによって築かれた。この城は現在オックスフォード刑務所の敷地内にあるため、一般の人は入れないが、城の脇を流れる渓流沿いの道からその全貌を望むことができる。先生はその道を歩きながら、塔とマウンド（丘）を残すのみとなっているこの城のほぼ真下に水車が存在したこと、また渓流沿いに南へ少し下った所にフィッシャー・ロー（Fisher Row）と呼ばれる輸送業者の居住地があり、そこが先述のフォリー・ブリッジと並んでオックスフォードの輸送業者の二大居住区域であったことを話され、最後に、オックスフォード刑務所がかつての城の敷地内に立っていることを例に、「城の役割は千年前も今も変わっていませんね」と笑われた。

私が初めてティーへの招待を受け、マートン・コレッジ内のハイフィールド先生の部屋を訪れたのは、語学研修のためホール大佐邸へ入ってまもなくのことであった。今でも、紺の背広に身を正し、分厚い眼鏡の奥からのぞく鋭いが優しさのある眼差しと気さくに手を上げて挨拶されたその日の先生の姿を忘れることができない。窓際のソファーに座るなり、先生は私に一冊の本を示され、オックスフォードに入る前に目を通しておくと何かと役に立つかもしれないと言われた。コンプトンという人が書いた英国中世経済史の概説書は、私が研究しようとする十八世紀以前のことを扱っていたが、中世交通史の記述の部分はその後の私の研究に益すること大であった。ハイフィールド先生は、私のすぐそばに置いてあったところどころに疵《きず》とへこみのある見るからに古そうな電気湯沸器にコードを差し込み、ティーの準備を始められた。同席したホール氏が自宅での私の語学研修の模様と今後のことを先生と相談している間に湯も沸騰したのか、湯沸器自体が爆発せんばかりの勢いで蒸気を噴き始めた。私は恐ろしくなり少し脇へよけたものの、先生はいとも慣れた手つきでコードをはずしお茶を淹れられた。とてもおいしいお茶であった。ティーがひととおり終わると、先生は私にレコードを聞かないかと尋ねられ、私の返事を待ちハイドンの交響曲「軍隊」に針をおろされた。湯沸器同様たいへん古びたレコード・プレーヤーだったが音は意外によかった。

入学してからも私は、マサイアス先生に提出する論文作成に当たり、ハイフィールド先生の部屋をたびたび訪れた。ハイフィールド先生は私がうかがったどんなつまらない質問にも快く答えて下さり、参考文献を示し、即答ができない場合は紙にその詳細をメモし、私のコレッジの郵便受けに入れておいて下さった。また、たまたま目にとまったもので私の研究に何か関係があると思われた文献についても同様の処置をされた。ところが先生の文字はたいへん読みにくく、私も時にはコレッジに同宿している警護官の協力を求めたが、先生の手紙を読むことは研究上に必要な手書きの古文書を読む上でもたいへんよい訓練になったと思う。

もう一つのハイフィールド先生との楽しい思い出に、オペラを数回ご一緒に見に行ったことがある。最初のオペラは、十月二十六日に見たベートーヴェンの「フィデリオ」であった。冒頭に婦人がアイロンをかけているシーンがあり、コレッジ生活でのアイロンがけとだぶって見え、なぜかおかしかった。演奏そのものは良かったが、多少重い感じのオペラだった。英国でのオペラ鑑賞はこの時が最初であった。また、最後に先生からお誘いを受けたグラインドボーン・オペラ劇団によるモーツァルトの「フィガロの結婚」は、演奏もすばらしく、オックスフォードで見た最後のオペラということもあって印象深かった。オペラに行く時の相客は、ストーリー夫人（オックスフォードにおける日本学の権威、故リチャード・ストーリー氏の未亡人で、現在でも、オックスフォードの日本学には欠かせない方である）、富士夫妻、警護官である。ともかくこれらの方々と気軽にオペラを見、オペラの面白味を見いだせたことは大きな収穫だった。

オペラが終わるとハイフィールド先生の所で食事をご馳走になるのが常であった。食事の部屋は、マートン内の先生のお部屋から階段で少し下がったところにある、こぢんまりとしてしかもひじょうに落ち着いた部屋であった。先生が念入りに選ばれたワイン（「フィガロの結婚」の後にいただいたスペインのワインはことのほか珍味であった）を飲みながら夜遅くまで見てきたオペラの話に花が咲いた。

このようにハイフィールド先生との楽しい思い出は語り尽くせないが、私が先生との関係で一つ大失敗をしたことがある。それは、オックスフォード散策をめぐってであった。だいたい私は、先生との散策の後、次回の場所や日時を先生と相談することを常としたが、ある日の散策に限って私の手帳にも居合わせた警護官の手帳からも抜け落ちてしまっていた。その日はたまたまオックスフォードのコレッジ対抗ボート競技の日だったため、私はそれを見にテムズへ行ってしまっていた。午後の三時過ぎであったか、コレッジの管理人棟に戻ってきて郵便受けを見ると、見慣れたハイフィールド先生の文字で二時に管理人棟の前で待っている旨のメモが入っていた。私は大いに慌てて、その足ですぐにハイフィールド先生の部屋を訪ねた。先生はまったく平然とした表情でいらっしゃったが、私が先生とのお約束を忘れてボート競技を見に行ってしまったお詫びを申し上げると、穏やかな口調で「多分私もボート競技を見に行ったと思った。あれは、オックスフォードでもひじょうに伝統的で一見の価値のあるものだから、それを見に行ったのはよかった」と言われた。私は後の言葉が続かず、二度とこのような失敗をしない旨を先生に申し上げ、足早に先生の部屋を後にした。テューターとして多くの学生の指導に当たり、また常に自分の研究に余念のない先生であるだけに、この時先生の大切な時間を無駄にしてしまったことには、今でも申し訳なく思っている一方、あの時見に行ったものがボート競技でよかったと内心少しばかり胸をなで下ろしている。

ハイフィールド先生との思い出の記をしめくくるに当たり、先生とオックスフォード最後の夏に行ったテムズ川上流およびテムズ・アンド・セバン運河の見学のエピソードを紹介しておこう。私たちはまず、テムズ川上流に架かる橋を三つほど見学した。初めに見た、ニュー・ブリッジ（New Bridge）は、ニューという名にふさわしくない古いもので、十四~十五世紀の建設という。ニュー・コレッジのニューと相通ずるものがあるのだろうか。ここで先生は、この橋の石材がオックスフォード州西部からグロースター州東部にかけて広がるコッツウォルズの丘陵地域から産出する石を使用していることを説明された。次に見たタドポール・ブリッジ（Tadpole Bridge）は、「おたまじゃくし橋」の意味であるが、その由来は分からないという。最後のラドコット・ブリッジ（Radcot Bridge）も十四世紀の建造といわれ、ハイフィールド先生によれば、ニュー・ブリッジ同様コッツウォルズの石材が使用されているという。次の目的地グラフトン・ロック（Grafton Lock）は数キロ上流にあったが、先生の提案で車を使わず川沿いの道を歩いて見に行くことにした。

しかし地図上で見るより道のりは遠く、おまけに草丈は高くなる一方で、やがて草やぶの中をかきわけて進むさまとなり、その上触れるとちくりと痛む草の歓迎にあい、やっとの思いでロックにたどり着いた。

　ロックの管理人に見学を申し込んだところ快く承諾してくれ、数年前の洪水の折ロックの付近が水浸しになった時の写真を数枚見せてくれた。ハイフィールド先生は、ご自身の提案が結局ジャングルの踏破となったことを気にされてか、私たちがいる場所まで車を回送するため、私と同行の警護官を残して今来た道を運転手とともにラドコット・ブリッジまで戻られた。先生と運転手を見送ると、私は再び洪水の模様をロックの管理人から詳しく聞きだした。そうこうするうち、上流からボートが一隻《せき》入って来た。管理人の口ぞえもあって私と警護官はその船でラドコット・ブリッジまで先生の後を追いかけて下ることとした。その船には一組の夫婦が乗船しており、テムズ川をロンドンへ下る途中だという。船からハイフィールド先生と運転手の後ろ姿が遠くに見えたので大声で叫んだが、遠すぎて聞こえなかったようだ。先生の歩くスピードが速いことは先述したとおりだが、先生たちに船で追いつきご一緒にラドコット・ブリッジまで船で下るという私の目論見は見事に裏切られ、私たちが橋についた時には先生と運転手はすでに私たちを迎えにロックへ車で発った後だった。ラドコット・ブリッジへ先生がにこにこ顔で再び現れるまで数分とかからなかったように記憶している。

　グロースター州のサイレンセスターで昼食をとった後、私たちはテムズ・アンド・セバン運河を見に行った。この運河は今世紀の初めに閉鎖され、現在は水溜りと化している。周囲の生命を感じる色濃い緑とすでにその生命を終えた運河のコントラストに哀愁を感じざるをえなかった。この運河で特に紹介しておきたいものは、一七八九年に開通した三キロメートルあまりのサパートン・トンネルである。トンネルの入口は当時の技術が結集され、見事な石組を見せている。建設に携わった人々の自負心が窺《うかが》えるようだ。ここで先生はとても興味深い話をされた。それというのも、運河に造られたトンネルは一般的にいって幅が狭く、運河の入口まで船を曳《ひ》いてきた馬はトンネルに入ることができず、乗員が船の上に敷いた板に横たわり、トンネルの側面を足で蹴って船を進行させたという話であった。つまり、人の足が船を進ませる原動力になるということである。さらに、先生はトンネルの入口に建つパブを指し、乗員がトンネル内で奮闘している間、馬とその付き人はトンネルの上部につけられた道を通ってトンネルの出口で待つことになるが、船がトンネルから出てくるまでの間、パブで時間を過ごすとのことであった。そのためか、このトンネルには入口と出口の両方にパブが建っていた。それにしても、仲間がトンネル内で苦労をしている間にパブで一杯というのは、いささか仲間思いに欠ける気もするが、いかがであろうか。

トンネルを見た後、私たちはテムズ・ヘッドにあるテムズ川の源流を見に行ったがあいにく水は涸《か》れており、テムズ川の始まりを見ることはできなかった。この日の最後にリッチレードを訪れ、テムズ川最上流のロックであるセント・ジョンズ・ロックを見学した。かつてはロンドンの水晶宮にあって、後にテムズの源流に置かれたという石像が、ロックのすぐ脇に立っていた。像の下のプレートによれば、一九七四年にこの地に移された模様である。数艘のレジャー用と思われる船が、ロックに入って来た。ロックの管理人は、ロックの開閉作業に追われている。船上の人々はどの顔ものどかである。そして、ロックの背景には、牧草地越しに美しい教会の尖塔が見える。まさにこの風景は、七時間にわたるこの日のツアーのハイライトであった。

オックスフォード市内の歴史散策、エッセイ作成過程における数々のご教示、オペラ鑑賞、テムズ川上流探訪と、私は先生のおかげで二年間数々の勉強をした。そのどれもが今日の私に与えた影響は計り知れない。ハイフィールド先生こそ、私に学問の難しさ、つらさ、楽しさを教えて下さった、あらゆる意味でのモラル・テューターである。

研究論文をまとめる

私は、留学中に集めた資料をもとに、十八世紀当時のテムズ川水運の実態を、河川改修、航行に携わった人々、当時テムズを行き来した二大物資である石炭とモルトなどの農産物を中心に分析してみた。その要旨を紹介したい。

一般的にいって中世のイギリスでは、人々の河川に対する関心は、交通路としてよりもむしろ生活の場として利用することに向けられていた。したがって河川はいたるところで漁民の仕掛けた簗《やな》や製粉業者が水車用の水を確保するために設けた堰などにより分断されており、これらの人々と簗や堰の上を自己の持ち船を通そうとする輸送業者の間では絶え間ない抗争が繰り広げられていた。テムズ川もその例外ではない。

十三世紀には、輸送業者と製粉業者などの妥協策ともいえるフラッシュ・ロックと呼ばれるものができた。これは上述の堰に船が通過できるように移動式の水門をつけたものである。これにより船は堰を通過できるようになったが、輸送業者は水門が開く際に激しい勢いで流れ落ちる水の上を船を転覆させずに上下させねばならなかった。ロック通過時にはしばしば転覆事故も起きている。一方製粉業者も水車を回すのに必要な水位の回復に時間を要した。

十七世紀から十八世紀にかけてのロンドンの拡張と地方の農業の発展は、交通路としての河川の重要性をクローズ・アップすることとなる。技術面での改良として河川にはパウンド・ロックが設置され、輸送業者と製粉業者との論争解決に寄与した。このロックは今日でも、河川および運河で多く見られるものだが、これは煉瓦と石でできたチェンバー（chamber）と呼ばれる貯水槽の両端に木製の水門がつけられており、水門の下部につけられたパドル（puddle）と呼ばれる仕切り板を開閉することにより、上部あるいは下部に隣接するチェンバーと同じ水位にし、水門を開けて船を通す仕組みである。このパウンド・ロックの発明により、船は急流域を、しかも大量の水を使わないで上下することができるようになったわけである。十八世紀半ばに発足したテムズ・ナヴィゲーション委員会は、パウンド・ロックの設置を含む一連の河川改修工事を行い、あわせて輸送物資の流れの迅速化を図った。また、俗に運河マニアの時代と呼ばれる一七九〇年代にはいくつかの運河がテムズ川と連結し、テムズ川の物資流通形態にも変化が生じる。その代表として、テムズ川とセバン川とを結ぶテムズ・アンド・セバン運河について考察を加えた。

一連の河川改修工事の成果は、船舶交通量の著しい増加、パウンド・ロックの設置による航行時の事故の減少、輸送物資の運賃低減などにより知ることができる。当時テムズ川を航行した船舶は平均して七十〜八十トンといったところである。パウンド・ロックが普及したとはいえ、ところどころに残されたフラッシュ・ロックの通過は輸送業者にとって骨の折れることであったし、日照りによる河川水量の減少や大雨による洪水は、航行の大きな障害であった。なお、テムズ・アンド・セバン運河については運河を管理する運河会社が船を所有し、輸送に関与していた。

石炭はテムズ川の輸送物資を考える上でも最も大切なものである。テムズ・ナヴィゲーション委員会は、石炭に通行料を課し、河川改修工事の資金に充てた。十八世紀初頭において、石炭の輸送は、ニュー・カッスルからロンドンへ送られてきたものをオックスフォードまで運ぶルートがとられていた。しかし、十八世紀後半になると、ウェールズ、中部イングランドなどからの石炭がテムズ・アンド・セバン運河やバーミンガム近郊からテムズへ通ずるオックスフォード運河をはじめとするいくつかの運河を経てオックスフォードに、より安い価格で到来するようになり、両ルートの間で激しい価格競争が起こり、ニュー・カッスルからの石炭が次第に敗退した。一般に石炭を扱う商人は、それを専業とするのではなく、例えば木材などの複数の商品を取り扱っていた。彼らの実態についても先の輸送業者同様多くの資料があり興味深い。ことに彼らの居住区域が川に近い場所に集中している事実は、輸送上の便宜を求めてのことと思われる。

石炭と並んでテムズ川を行き交った流通物資に農産物が挙げられる。その大半はビールの原料となるモルトを含む穀物であった。運河建設以前においては、これらの物資は石炭の流れとは逆にもっぱら上流からテムズ川を下りロンドンへもたらされていた。しかし、運河の建設により、ロンドンとイングランド中西部の地方市場を結ぶ穀物の相互流通がテムズ川を通して行われるにいたる。また、史料によれば、石炭商人の居住地が川の近くであったのに対し、モルト商人のそれは広範囲に及んでいた。したがってモルト輸送には、最寄りの川まで荷馬車または荷車が使われた模様である。モルト輸送の季節性については、特に醸造業の仕込み時期の影響を受け、冬季の輸送が目立つ。

ロンドンからテムズを上がった石炭とモルトを除く物資を概観しよう。一七九四年九月から一七九七年末までの間に、テムズ・アンド・セバン運河所有の船がテムズ川を運んだ物資を見るとその種類が実に多いことに驚かされる。複数の農産物の他、金属製品を含む工業製品、繊維産業に用いられたと思われる染料・明《みょう》ばん、サイダー（リンゴ酒）、ワイン、エールなどを含むラム酒を除くアルコール飲料類、また、砂糖、タバコ、米、茶といった植民地からのもの、そして石材、木材など三十五種類以上にのぼり、ロンドンがこれらの物資の大集散地であったことを思わせる。しかしながら、当時飲料として愛飲されはじめたコーヒーは、まだ一般の口には入らなかったのか、統計には現れてこない。工業製品の中には、スカンジナビアおよびバルト海沿岸諸国からと思われる物資もあり、先の植民地からの物資とともに、国際都市としてのロンドンの姿を浮き彫りにしている。

以上がおおよその要約である。この研究結果を近年オックスフォード大学出版局に印刷を委託し、*The Thames as Highway* と題して出版していただいたことは私の大きな喜びであり、マサイアス、ハイフィールド両先生をはじめ多くの方々のご協力があったことは忘れられない。また、私は帰国後に研究をまとめていく過程で、英国の文書館や図書館制度がとてもよく整備されていることおよびアーキヴィストや司書のサービスの良さを再認識した。これらが、高いレベルを誇る英国の歴史研究に大きく貢献していることは論をまたない。今、改めて私が初めてまとめた *The Thames as Highway* を読み直してみると、テムズとともに過ごした日々がありありとよみがえってくる。テムズ関係の史料集めに奔走した時のことはもちろんのこと、ハイフィールド先生とともに川べりを歩き、実地にテムズを見たこと、研究で疲れた私をいやしてくれたその緩やかな流れと周囲の美しい景観、テムズを見ながら川沿いをジョギングした日々、コレッジのボート・ハウスの上から熱気に包まれたボート競技を観戦したことなど数え上げたらきりがない。オックスフォードを離れて七年、テムズ川は地球の裏側に存在するものではあっても、私にとってテムズという名前には距離と時間を超越した親しみと懐かしさを覚える。オックスフォード滞在中、テムズの存在は常に私の生活の、そして研究の支えであった。いつの日か再びテムズを間近に眺め、テムズとともに過ごした青春の日々を回顧できたらと願わずにはいられない。

運河のその後と運河の未来

ところで、テムズが十八世紀以降交通史的にどのような変遷を遂げたか一言述べておきたい。十九世紀の鉄道時代の到来は、テムズを含む運河・河川交通に大きな打撃を与えた。一八二五年に最初の鉄道がイングランド北部のストックトンとダーリントン間に完成し、ダラムの内陸炭田から海岸までの石炭輸送に当たった。一八三〇年にはリバプールとマンチェスター間に鉄道が走り、本格的な鉄道時代の到来となる。しかし、鉄道が敷設されたからといってすぐに運河が廃《すた》れたわけではない。「議会史料」によれば、十九世紀の中頃でもオックスフォード運河では陶磁器が運ばれていた事実が語るように、こわれやすいものなどは鉄道ではなく運河で運ばれた。しかし、一八六〇年頃になると、石炭を中心とした物資は主に鉄道で運ばれるようになり、さらに第一次世界大戦後トラックによる貨物輸送が始まると、運搬を目的とした運河の役目は終わる。かつて隆盛をきわめた幾多の運河が閉鎖されて水溜りと化し、パウンド・ロックの貯水槽で釣り人が糸を垂れている今日の情景は、運河の栄枯盛衰を如実に示しているように思う。しかし、近年になり、それらの運河を船で渡り歩くレジャーが盛んになってきている。実際にレジャー用として、これまで閉鎖されていたいくつかの運河が復活した。さらに、地域によって水不足が深刻化しつつある中で、運河を使用し、水の豊富な地域（例えばウェールズ北部地域）から不足がちな地域へ水を供給する案も浮上している。ちなみに、運河を使用した場合、パイプ・ラインを敷設するより、工事費は十分の一、運営費は七分の一ですむといい、工事は基本的にポンプを使い要所要所で水の流れを変えるだけでよいという。レジャー用といい水の供給のためといい、産業革命の産んだ偉大な遺物は今再び新たな使い道を求められ、復活の兆しを見せているように感じられる。

一方ヨーロッパ大陸では、物資輸送を目的として、北海から黒海までライン川、マイン川、ドナウ川を結ぶライン・マイン・ドナウ運河が一九九二年の九月に完成した。通過国は、北からオランダ、ドイツ、オーストリア、チェコスロバキア、ハンガリー、ユーゴスラビア、ルーマニア、ブルガリア、旧ソ連邦モルダビアであり、東西ヨーロッパを縦断する運河となるわけである。ことに、東西ヨーロッパの関係が密になりつつある昨今、経済的に進んでいる地域と進んでいない地域との交流のためにもこの運河の果たす役割は大きい。折しも本年はＥＣの市場統合の完成の年である。これからの運河の使い道に大いに注目したいものである。

9　英国内外の旅

イギリス国内

(1) オックスフォード近郊の週末ドライブ

二年間のイギリス滞在中、私は、イギリス国内をはじめ、ヨーロッパ各国を訪問することができた。ここではまず、私が週末に行ったオックスフォード近郊のドライブの話から始めよう。もちろん私には免許がないから、警護官に運転してもらって、ある時は二人だけで、ある時はオックスフォードの友人とも出かけることがあった。

オックスフォード州西北部から隣のグロースター州にかけては、コッツウォルズと呼ばれる丘陵地域が広がっており、週末によくここを訪れた。眺望のきく高台からは、この地特産の蜂蜜色をした石で造られた家が、教会の尖塔を中心に円形に美しい町並みを成して広がっているのがよく見られる。

オックスフォード州の西のはずれの町バーフォードは、ゆるやかに傾斜するハイ・ストリート沿いに並ぶ町並みが美しく、バーフォードからサイレンセスターに向かう途中のグロースター州バイブリーの町並みも魅力的である。いくつもの町がそれぞれに色調を異にする蜂蜜色の石により、個性的で興味をひく町並みを見せ、家々が川面に影を落とすバートン・オン・ザ・ウォーターもすてがたい。

サイレンセスターはローマの町である。イギリス内で、～セスター（cester）や～チェスター（chester）と語尾のつく町は、ほとんどがローマ時代にその起源をもつと考えてさしつかえないという。イングランド北部のチェスター（Chester）、南部のウィンチェスター（Winchester）・ドーチェスター（Dorchester）などはいずれもローマ軍の駐屯地だったという。サイレンセスターに集まる道は、直線の道が多い。ローマ人が、情報伝達や軍隊の移動を速やかに行うために、直線の道を造ったことはよく知られており、「すべての道はローマに」と並んで「ローマは永遠に」という諺《ことわざ》も有名である。直線の道を見て、ローマの道が現代にも活用され、永遠の生命を保っていると見るのは早合点であろうか。ところで私は、冬の寒い日にサイレンセスターを訪れたことがある。市内を回った後、ローマの劇場跡を探しているうちに、小高いマウンドに行き当たった。マウンドの中は擂鉢《すりばち》状になっており、雪の残った斜面では子供たちがそりを滑らせていた。その場所こそローマの劇場跡であった。ここにはローマの永遠性をうかがうものはなく、むしろ侘《わび》しさと空しさを感じるだけであった。

オックスフォード州西南部とウィルト州との境近くには、丘の斜面を掘削《くっさく》して下の白いチョーク層を浮き出させ、巨大な馬の絵を描いたホワイト・ホース（White Horse）がある。起源は、一説には九世紀のアルフレッド大王の頃に遡るというが、大変な工事をしたものである。馬の部分には丘の上から歩いて行くことができるものの、たどり着いてもあまりの大きさに自分が馬のどの位置に立っているか推定することさえ難しい。私は二度この場所を訪れている。一度目は歩いている途中で豪雨に見舞われた。二度目は快晴の日で、かなり遠方からでもくっきりとホワイト・ホースの全容を確認できた。しかし、この時よく眺めると、その形は馬とも見えるが、得体の知れない他の動物にも見えるような気がした。なお、このようなホワイト・ホースは他にもいくつか存在するが、中でも私の訪れたオックスフォード州のものが一番古いと聞いている。

テムズ川に沿って流域の町を訪ねるのも面白かった。オックスフォードの南のウォリングフォードからゴーリング、ヘンリーにかけては、ドライブにも、川べりの散歩にもたいへん気持ちのよいところである。オックスフォード近郊には、週末のドライブによい場所がたくさんあり、挙げていったらきりがない。私はオックスフォードの付近を見ないで過ごしたのでは灯台下暗《もとくら》しになると思い、近郊を積極的に探索した。

(2) イギリス国内の泊まりがけの旅行

入学後に行った最初の泊まりがけの旅行は、十二月のブロートン城訪問である。オックスフォード郊外のブロートン城でセイ・アンド・シール卿ご夫妻とご一緒に数日を過ごし、改めてイギリスの家庭の温かみを感じた。ブロートン城は濠《ほり》に囲まれた美しい城で、外部はもちろん内部も実に立派な造りである。レイディー・セイがヴィオラを演奏されることから合奏にもご一緒し、隣人が集まってクリスマスの歌を合唱するシーンにも居合わせた。翌年、私の両親にここに泊まってもらうことを考えたのも、この時のご縁があったからである。

この月には、ケンブリッジも訪問した。同じ大学町ではあるが、ケンブリッジの方がコレッジも集中し、より大学町らしいとの印象をもった。また、コレッジの建物群を背景にケム川に向かって緩やかに傾斜する芝生も実に魅力的である。キングズ・コレッジのチャペルをぜひ訪れたかったが、あいにくレコーディングの最中で実現しなかった。

十二月の後半には、イングランド北部のチェスターとヨークを訪れた。両者とも城壁に囲まれた実に美しい町である。チェスターには、ローマ時代の遺跡が諸所に残っている。ヨークは、バイキングによってヨーヴィック（Jorvik）と定められた町であり、訪問時にはバイキング博物館が建設中であった。ここの大聖堂は白く巨大であり、名状しがたい風格を備えていて見るものを圧倒せずにはいない。大聖堂の上まで階段で登ったが、その長かったこと、思い出しても息がはずみそうである。町の城壁の上から望む大聖堂の眺めはすばらしく、城壁内の狭い小路とそれを囲む建物がかもしだす雰囲気は、さながら中世にタイム・スリップしたような錯覚を生み、そぞろ歩きすること自体がたいへんな魅力であった。

ヨークに限らず、イギリスの町には、歴史が今に生きている場所がいくつもあった。日本で中世史を研究した私にとって、歴史のかおりというか、中世の面影を残す町並みを歩くことは、タイム・マシンに乗って歴史を旅しているような興奮を起こさせる。同様な興奮は、チェコスロバキアのプラハや、イタリアの諸都市（例えばシエナ、オリビエットなど）の中でも味わうことができた。日本にも歴史的な町並みはあるが、町全体が歴史を感じさせ、そこを歩くことによりタイム・スリップしたような感覚に陥る町は少ないように思うがいかがなものであろうか。

一九八四年にはイングランド南西部のコーンウォールを九日間にわたって訪ねた。四月ではあったが、この地域に入ったとたんに日差しが強く感じられた。コーンウォールでは、オックスフォード入学後に面識のできたイギリス人の貴族の方にいくつかの家庭を紹介していただき、そこに泊まりながら旅行をした。トルーロー付近で泊まったゴールズワージー家では、すばらしい庭を見せていただいたが、ことに椿が見事であった。また、このお宅には数々の貴重な蔵書があり、食後の会話などで私が質問をすると、ご主人が突如消えたかと思ったら分厚い本を持って現れ、疑問が氷解したことがしばしばあった。夫妻そろって気さくな方で、実に打ち解けた二日間を過ごした。

六月には、日本庭園の開園式出席のためイングランド北西部のリバプールに行った。リバプールはかつて一世を風靡したビートルズの本拠地でもあり、記念の博物館を訪ね、なじみ深い旋律に耳を傾け、彼らの活動の軌跡をしのんだ。

七月には、スコットランドのハイランド地域を中心に十一日間の長期旅行を試み、英国最北端に位置するシェトランド諸島にも足を踏み入れた。この島は、木らしい木がほとんどなく、無造作に石を積み上げたブロッホと呼ばれるバイキングの住居がいくつも見受けられ、荒涼とした北辺の地に足を踏み入れたことをひしひしと感じさせる場所であった。それもそのはず、フィンランドの首都ヘルシンキと同緯度で、夜の十二時を過ぎてもなお明るく、新聞が読める。ちなみに、現地の人にここから一番近い場所はと聞いたところ、答えは、「ノルウェー」であった。

スコットランド本土に戻り、引き続きグレンコーやネス湖を回ったが、ここでお世話になったのは、スポーツの項ですでに記したキャンベル卿である。キャンベル卿ご一家やハイランド各地に点在する族長であるクラン（clan）の方々とお話しする過程で、イングランドに半ば征服され、スチュアート朝の直系にありながら自らの王を英国王の後継者として擁立できなかったスコットランドの人々の、イングランドに対する無念さと怨念の一端を感ぜずにはいられなかった。「イングリッシュがすべて壊したんだ」とこの旅行中何度聞いたことか。キャンベル卿ご一家が歌った「スカイボート・ソング」は、スチュアート朝のジェームズ一世（元はジェームズ六世）の王子ボニー・プリンス・チャーリーが、プリンスとして生まれながらスカイ島（Isle of Skye）に逃れねばならなかったことを歌った一抹の哀愁の漂う名歌であるが、それを歌う時のキャンベル卿ご一家の表情には、とても一言では表せない、プリンス・チャーリーと「故国」スコットランドに対するなみなみならぬ愛着があるように思えてならなかった。スコットランドはユナイテッド・キングダム（連合王国 United Kingdom）の中にありながら、独自の通貨を持ち、自らの銀行で独自の紙幣を発行している。スコットランドとイングランドの歴史を超えた対立には驚かざるをえない。

また同年九月には、スコットランドのアバディーンに程近いバルモラルで、エリザベス女王陛下、フィリップ殿下と数日ご一緒する機会に恵まれた。広大な敷地でバカンスを楽しまれるお二方のお姿が印象的だった。

翌一九八五年三月には、南部ウェールズを訪れた。電車がウェールズへ入ると最初の停車駅ニュー・ポートに着いたとたんに、駅名の表示が英語とウェールズ語とが併記されているのに驚いた。この時の旅行は南部ウェールズのみだったが、ウェールズの人々は親切で、スコットランドやイングランドとはまた違った温かさがあった。ウェールズの人々は歌好きで有名であるが、様々な機会に自然発生的に歌声が起こり、私も何度か合唱に加わった。引き続いて全英剣道選手権大会に出席するため、北イングランドのダラムまで鉄道を利用して行った。駅にさしかかった時、車窓から望んだ市街にひときわ高くそびえる大聖堂の景観は圧巻であった。

四月には、イングランド東北部のリンカンを訪れた。市近郊のドディントンホールの庭園には水仙が咲き誇り、またリンカンの大聖堂の美しさも忘れられない。ギルドホールでリンカンの市長とお会いした後、ピーターバラへ向かう途中のスタンフォードでマサイアス先生が勧めて下さったジョージ・イン（George Inn）に立ち寄って昼食をとり、翌日は、ピーターバラからノーリッジへ向かった。ノーリッジは、英国でも代表的な中世からの都市で、市内のエルム・ヒルの石畳の道は、中世さながらの雰囲気を漂わせる。市内はガイドの人に案内してもらったが、解説の中に折々幽霊の出る場所の話が、何の不自然さもなく織り込まれているのも面白かった。

大学が長い夏休みに入ると、六月、イースト・アングリア地方に創設されたばかりのエセックス大学を訪ねたり、十九世紀の著名な画家コンスタブルの絵画「干し草車」に描かれて有名になったスタウア川と水車小屋のまさにその場所を訪れた。雨の日だったが、それだけに緑の美しさが際だっていたように思った。

また、七月には向こうで知り合ったクランボーン卿のお住まいに呼んでいただき、ご一家の皆さんとスポーツをしたりして一日楽しい時間を過ごした。この月には、ドーバーなどの南東部イングランドも回った。有名なドーバーの白い崖も望めたが、それとともに、ドーバー城の造りや、中世の美しいライの町並みが印象的だった。同じ月に、イギリスの保険協会ロイズの会長、サー・ピーター・ミラーからチャネル諸島のサーク島にある別荘に三日間にわたりご招待いただいたのも忘れられない。この島に自動車は走っておらず、交通機関はトラクターか馬車か自転車であった。私たちはもっぱら自転車で島の中を巡ったが、それ以外にもウェット・スーツを着用してのダイビングなど、初めて経験した。八月には南部のポーツマスやワイト島にも行くなど、思えばずいぶん精力的に各地を巡ったものである。

なお、私は、オックスフォード滞在中、近郊のベッド・アンド・ブレックファスト（Bed and Breakfast）に宿泊したことがある。これは、普通の家庭が宿泊客を受け入れるもので、宿泊用のベッドを提供し、翌日の朝食を出してくれる、いうなれば英国版民宿で、通常「B・B」という看板が出ているので目にとまった方もおられると思う。夜その場所に着くと、その家の夫人が部屋へ案内してくれ、あわせてシャワーの使用方法をていねいに教えてくれた。夫人はシャワーの説明をした後、テレビを見たければどこどこの部屋にあるし、ゆっくりしてほしいと言うと奥へ消えて行った。むろん先方は私が誰だかは知らない。同行した警護官もそのへんは気をつけてくれた。翌朝の朝食は、ホテルなどでもとても食べられないようなおいしいベーコンつきの卵料理であった。ヴィジターズ・ブックに"Hiro"と記入して、オックスフォードへ帰った。

一言付け加えたいのは、私が訪れた英国各地のマナー・ハウス（荘園領主の邸宅）には、中国や日本の美術品を多数所有している所が数多くあった。ブロードウェイ付近のマナー・ハウスにはおびただしい数の日本の鎧《よろい》のコレクションがあり、有田や伊万里などの陶磁器や浮世絵も各所で見られた。一見中国の物か日本の物か識別しにくい場合もあったが、いろいろな場所で東洋の文物と対面し、しばしノスタルジアにふけったこともある。また、象牙に様々な装飾を施した「根《ね》付《つけ》」を収集している方も多く、日本にいる時以上に根付の話を聞かされ、説明を求められたこともあった。日本では、多少忘れられつつある工芸品が英国で人気を博しているのは面白い。

このように機会をとらえては各地を訪れていたため、英国国内は二年間と限られた滞在期間の割には効率よく回れたと思う。それにしても、私がいつも感銘を受けたのは、緑色の絨毯を敷きつめたようなイギリスの田園風景と、歴史のかおりをいたるところに漂わせる古い町並みと、町々で見かける人々の質実な生活ぶりである。素顔のイギリスを巡って得たこれらの様々な体験は私の貴重な財産となっている。

ヨーロッパ諸国を回る――諸王室との交際

研究活動や芸術の項でもその一端は述べたが、イギリス以外のヨーロッパの国々も多く訪れた。今、かいつまんでそのいくつかを紹介したい。

両親がノルウェーを訪問する際、先方の国王陛下のご配慮でノルウェーのベルゲンで久々に両親と再会し、向こうの皇太子ご夫妻（現国王王妃両陛下）とご一緒に船でフィヨルドを遡上《そじょう》し、船内に一泊したのも忘れられない。ノルウェーの両殿下の温かいもてなしぶりには、私も心の安らぎを覚えたし、ベルギー同様、皇室とノルウェー王室の結び付きの強さに改めて感銘を覚えた。オランダでも、ベアトリックス女王陛下と御夫君やお子様方が、ご多忙の中クルージングをご一緒して下さるなど、終始もてなしていただいた。スペインでは旅行の途次、マヨルカ島の別荘でお過ごし中の国王陛下にご挨拶に伺ったところ、国王王妃両陛下と昼食をご一緒させていただいた。国王陛下から、せっかくマヨルカ島にきたのだから昼食後行きたいところはないかとお尋ねがあったため、当初の予定にはなかったが、ショパンがジョルジュ・サンドとともに住んでいた家を見たいと申し上げたところ、フェリペ皇太子殿下にアレンジをするようにおっしゃり、皇太子殿下ご自身が案内して下さった。ルクセンブルクとリヒテンシュタインの王室の方々とのことは、スポーツの項で述べたとおりである。

私は、ヨーロッパの王族の方々からこのような温かいおもてなしを受けるたびに、私の両親が長年かけて築き上げてきた友情によるものであることを常に認識し、その恩恵を受けている自分が幸せだと思ったし、このような交際を次の世代にも継続していく必要性を強く感じた。

私が訪れたヨーロッパ諸国は、十三カ国に及ぶ。それらについて逐一紹介することができないのは残念であるが、イギリスのみならずヨーロッパを同時に知ることの重要性をつくづく感じさせられた。大陸で地続きになっているものの、大陸諸国が歴史、民族、文化の面で国ごとに異なっている様を目の当たりにするとともに、イギリスが日本と同様海で大陸から隔絶しているとはいえ、大陸諸国とイギリスの地理的な距離の近さを実感した。その事実が、イギリスの社会、文化に与えた影響もまた、見過ごせないようにも思う。

終章　二年間を振り返って

私の見たイギリスの人々

本文を書き終えるに当たって、「私の見たイギリス」について少しまとめておこう。滞英中の私の諸経験から、私なりに感じたことをいくつか記してみたい。

まず、その一つとして、イギリスは古いものと新しいものが実にうまく同居しているように見えることである。到着早々見学した英国議会の開会式で、私は伝統の国イギリスを身をもって体験した。また、オックスフォードの町で伝統のガウンをまとい学帽をかぶって歩く学生とパンク・ファッションの若者がすれちがっても特に違和感を感じない。両者がうまく町に吸収されているかのように思われる。ビートルズを生み、ミニスカートをはやらせたのもこの国である。古いものを大切にしながら一方では新しいものを生み出す「力」の蓄えが感じられる。今日行われているスポーツにしても、この国で誕生したものは多い。ゴルフ、ラグビー、クリケットなどがそうである。産業革命を他のヨーロッパ諸国に先がけて成し遂げたのもこの国である。

オックスフォードの町でも、いながらにして伝統の重みを味わうことがしばしばであった。オックスフォード大学入学式での服装といい、ラテン語で行われる式の進行といい、荘厳な儀式の中に数百年にわたって継承されている伝統を感じる。コレッジのハイ・テーブルにおけるラテン語でのお祈り、銀器の古さ等々、そこに息づく歴史を感ぜずにはおられない。コレッジ制度をとってみても、そこにはとても一言では説明し尽くせない複雑さがある。しかし、専門分野を異にする学生が寝食を共にし、知的好奇心を刺激し合う機会に恵まれていることはすばらしい。私の通った学習院では文学部の研究棟が学科ごとに階を隔てていることもあり、文学部内部にあっても他学科の学生と接触する機会はよほど努力をしない限り得にくい。学部が違えばなおさらである。

オックスフォードの学生は、伝統をどう考えているのだろうか。また、伝統と新しいものとの共存をどう見ているのだろうか。ある学生は伝統を重んずるといってもそれは表面的なものにすぎないと言うし、日本でも伝統が重んじられていると聞くのに、今さらなぜそんなことを聞くのかと不思議がった学生もいた。しかし、年配の人の中には、自分たちがいかに伝統を重んじているかを自慢し、伝統に則《のっと》って行動することを誇りとしている人も見受けられた。

私が伝統の重みを感じたのはオックスフォードの学生生活のみではない。家庭に招かれた折にも、様々な場面でそれを強く感じた。英国の旧家には、よく先祖代々の肖像画がかかっている。

それも家によっては壁を埋めつくさんばかりに掲げてあり、それらを逐一ていねいに説明する家もある。どこの家庭でも先祖から伝えられた有形無形のものをたいへんに大切にしていることが感じられた。

新しいもの、古いものと一見矛盾するものを抱えながら、それを対立させることなく見事に融合させているイギリス社会の持つ柔軟性、面白味を肌で感じるのは私のみではあるまい。

第二点として、私は、イギリスの人が常に長期的視点にたって物事を考えているように感じている。常に、差し迫ったもののみでなく、さらに先のことを考えながら、焦ることなく遂行していく国民性があるように感じる。これは、一つには家の建築方法と一脈通じるものがあるのではなかろうか。例えば、巨大な大聖堂にしても、それは数百年の歳月をかけて造られるものが多い。最初に石を積んだ石工は、その完成を見られない。しかし、彼らは完成を夢みて一つ一つ石を積んでいく。大きな石造建築は、何も大聖堂に限るものではない。私たち日本人は、とかく目先のことにあれこれとらわれてしまい、長期的視点で物事を考えるのがあまり上手ではないように思う。それも一つには、比較的短期間で完成する木の建築と、年月のかかる石の建築の中で日々を送る違いに現れているようにも思えてならない。

石と木の違いと関連してもう一ついえることは、日本とイギリスにおける「プライベート」ということに関する考え方の相違である。この点は現代の住宅事情に負うところも多いであろうが、私は、イギリスの人々がプライベートな時間、生活、空間をひじょうに大切にするように思う。

彼らと話をしていても、ある部分までは自分のことについて話すが、あるところから先は他人の踏み込めない領域があるように感じる。カントリー・ハウスなどでも、プライベートと書かれた標識があると、たとえ柵も何もなく簡単に越えて行けそうでも、まずは入り込むことはない。彼らはバカンスを精一杯楽しむ。バカンスの日々は、次の仕事に対するエネルギーを蓄える大切な時間であるかのように。要するに、彼らは伝統的な個人主義にもとづいて、自己というものの領域をしっかりもっており、そこにはお互いに踏み込まないように人々の間で暗黙の了解があるように思う。これは、石で外と隔てられた空間と、紙とか木という誰でも簡単に入ってこられそうなたいへんに薄い仕切り空間の中にいる人間の、アイデンティティの相違なのであろうか。

対人関係については、社交が上手な点や入口を入る時に後続者のためにドアを開けて待つ配慮などについてすでに触れた。これと並んで私は、イギリス人の身体障害者に対する目に見えない温かい思いやりを感ずることが多かった。それに関してこんな経験をした。私がマサイアス先生の講義を聞きにエグザミネーション・スクールズに行っていた学期、前をしゃべりながら歩いている学生たちが、すうっと脇によけ、空間を作ることがあった。何かと思うと、その中を白い杖をついた学生が背筋をピンとのばして通って行く。学生たちは何事もなかったかのように、通路の脇をしゃべりながら通って行く。こんな光景に何度となくめぐりあった。当然といえば当然のことであるが、人々のさりげない動作が私の胸を打った。もちろん、日本で同様なことがあってもそのような場に居合わせること自体私には少ないであろうが、オックスフォードの町を歩いていると、体に障害のある人々が堂々と振る舞い、生活しているように思う。そして彼らも、自然に町の中に溶け込んでいるように感じるのである。ついでに言えば、イギリスの各施設は、車椅子用の通路を設けるなど身障者に対する配慮が実にゆきとどいているように思えた。

最後に、私は、二年間の間に「光」に対するイギリスならびに大陸の人々の感じ方を垣間見たように思えた。イギリスの冬は寒く、どんよりした日が多い。冬至の頃ともなれば朝は八時頃まで暗く、午後三時半頃には暗くなってしまう。すきま風が入り底冷えのするコレッジの寮にいると、晴れ間が多く、また、暖房のきいた日本での生活を懐かしく思った時もあった。冬の間の唯一のなぐさめは、年間を通して変わらぬ芝生の緑であろう。冬が長いかわりに、イギリスの春は美しい。水仙の花が黄色いカーペットを敷きつめたかのように咲き乱れ、色とりどりのクロッカスの花が芝生のあいまから可憐な顔をのぞかせる。ヨーロッパの人々が、あのように多く「春」を芸術の対象としていることも、自然とうなずかれる。それは、日本では四季がはっきりしているためか、万葉時代の人々が梅や桜の花を春の象徴としてとらえ、ホトトギスの声に夏の訪れを感じる季節感とは多少異なったもののように思える。

ヨーロッパにおいては、陽光も「春」を感じさせる重要な要素であろう。四月に入ると日照時間も長くなり、太陽がのぞく機会も多くなる。人々は、多少寒くても、陽がさせば日光浴を楽しむ。ヨーロッパに多く見られるゴシックの大聖堂がステンド・グラスの入った大きな窓から最大限に光をとり入れている事実は、光に対する強い憧れを表現しているように思えてならない。

陽光はファッションとも関係があろう。イギリス人の服装は一般にしぶく、派手さに欠けるような気がする。それでいて、あまり違和感を感じさせないのは、イギリスの天候にたくみに合わせているからだと思う。パリのファッション、ミラノのそれが、多少派手に見えるのも、その色を引き立たせる「光」が存在するからだろう。実際、私も春にパリを訪れ、太陽の光がイギリスに比べ強いことを感じた。パリの建物が美しいのも、その白さのゆえというよりは、白さを引き立てる「光」によるものではなかろうか。

ヨーロッパにおいては、光に対するとらえ方、哲学が私たち日本人とかなり異なっているように思う。光は抽象化され一人一人の心に宿っているにちがいない。陽光がさんさんと降り注ぎ、そのありがたみが少しずつうすらぎつつある東京の生活に戻ってふとそんなことを感じる。

離英を前にして

最後のトリニティー・ターム中のあるテュートリアルの日、マサイアス先生は、私に「オックスフォード滞在の残り時間は、これからますます加速度的に少なくなっていく。そして、最後は打ち上げ花火のようにして終わってしまうだろう」と漏らされたことがあった。私は、この教訓を胸に、残りの日々を送ろうと思った。幸い、研究については史料調査をほぼ完了していたので、研究以外のことで何かやり残していることはないか、もう一度やっておきたいことはないかとあれこれ考えた。日々の生活の中でも、ホールやMCRでの仲間との会話にしても、このようなことがあと何回できるか少しずつ考えるようになっていた。日々繰り返すたとえどんな小さなことでも、その一つ一つがひじょうに大切なもののように思えてきた。それと同時に、私はオックスフォードで歩き慣れた道や私の好きなスポットを、もう一度確認し、写真を撮りながら歩いてみた。どんな小さな通りにも、広場にも、私の二年間の思い出はぎっしりと詰まっているように思われた。再びオックスフォードを訪れる時は、今のように自由な一学生としてこの町を見て回ることはできないであろう。おそらく町そのものは今後も変わらないが、変わるのは自分の立場であろうなどと考えると、妙な焦燥感におそわれ、いっそこのまま時間が止まってくれたらなどと考えてしまう。しかし、このことが幸いしたのか、いま私の書斎のアルバムには、私の思い出の場所がすべて写真に納められている。もちろん脳裏にも。

こうして、オックスフォード滞在の時間が指を折るように少なくなっていったある日、MCRのメンバーが私の送別会を思い出のMCRの部屋で開いてくれた。夜分に行われたこの会には、私の顔見知りのMCRのメンバーのほとんどとJCRのメンバーも顔を見せてくれた。会の冒頭、会計担当のC君がスピーチをして、私についてストレンジ（不可思議）と思われるいくつかのことを列挙した。交通史という分野を手掛けたのも、またコレッジのホールにほとんど毎食出ていたことも、彼によればストレンジだったようだ。さらに、記念として私に贈ってくれたマグで彼が作った得体の知れない飲物（様々な酒をミックスした感があった）を確か五杯くらい飲まねばならないとも言った。私はこれを忠実に実行したが、結構強い酒のように思えた。出席者一同に、今度はいつオックスフォードに来るのか、今後はどういう立場で公務に当たるのか、オックスフォードでの研究はどうするのかなどを聞かれた。MCRのメンバーには、論文作成のために三年間いる学生もかなり多い。したがって、来年来ることがあればまたオックスフォードで会えるという話も出た。それにしても、二年間親しくしてきた仲間との別れはいささか寂しいものであった。私が、楽しく——おそらく私の人生にとっても最も楽しい——一時期を送れたのも、彼らの協力と心遣いがあったればこそである。

このようにして、私は、九月いっぱいをもって思い出多いマートン・コレッジの部屋を去り、残りの日々を富士邸とロンドンの大使公邸で送った。この間、日本ソサエティや日英協会をはじめとする諸団体でも送別会を催していただき、私は滞英中お世話になった方のほとんどにお別れを言うことができた。

思い返してみると、この二年間は瞬く間に過ぎ去ったように感じるものの、私はその間実に様々なものを学んだように思う。中でも、オックスフォードという場を通じて多くの、そして様々の経験を積むことができたことは、大きな収穫だったと思っている。この経験の中には、自分で洗濯をしたりアイロンをかけたりしたことももちろん入るが、英国の内側から英国を眺め、様々な人と会い、その交流を通じて英国社会の多くの側面を学ぶことができたこと、さらには日本の外にあって日本を見つめ直すことができたこと、このようなことが私にとって何ものにも代えがたい貴重な経験となった。

十月十日、私は、ホール大佐をはじめ、在留邦人の方々、お世話になった大使館館員の方々に見送っていただき、昼過ぎのヒースロー空港を後にした。ロンドンの風景が遠ざかるのを見ながら、私の中で自分の人生にとって重要な一つの章が終わり、新たなページが開かれる思いがし、しばし心の中に大きな空白ができたような気がした。それとともに、内心熱いものがこみ上げて来る衝動も隠すことはできなかった。私は、ただ、じっと窓の外を見つめていた。

あとがき

脳裏をよぎる様々なことを思い返しながら何とかここまで書き進めてきたが、それにしても我ながらオックスフォード留学中、実に様々なことに取り組んだものである。その一こま一こまが走馬灯のように懐かしく思い出される。そうはいっても原稿を書きながら一つ困ったのは、オックスフォード留学を終えてすでに七年の時を経てしまったという事実である。いくら思い出があるといっても、正確にその一つ一つを覚えていられるかというとそれには限界がある。しかし、幸い私は留学中自分がしたことを毎日簡単なメモにしたためており、警護官がつけていた同様の記録と合わせて、当時のことをあれこれ思い出すことができた。ホール邸滞在中のことは英語の先生に見てもらっていた英文の日記が役立ったし、旅行先でのパンフレットやちらし、切符といったものも、思いがけず重宝なものとなった。さらには、私はオックスフォード滞在中二千枚ほどの写真を撮っており、それらも参考となった。その他、当時の公電も資料となったのは当然である。また、私は帰国後に折に触れて留学中の備忘も兼ねてエッセイを書きためていた。この本の中にもそれらを織り込んでいる。

ところで、一九九一年九月、私は「ジャパン・フェスティバル」に出席するため英国を再訪した。留学中お世話になった多くの方々とも再会でき、喜びもひとしおであった。オックスフォードでは、はからずも名誉法学博士号をいただくという栄誉に浴した。マートン・コレッジも訪れ、ロバーツ学長、ハイフィールド先生をはじめとしたフェローの方々や、その後もオックスフォードで研究を続けている学生にも会えた。尺八を吹く例の学生からパブに誘われ、夜のオックスフォードの通い慣れた道を踏みしめながら、オックスフォードは変わっていないと思った。そこかしこにあふれんばかりの思い出がつまっていた。私は、これからもこの思い出を大切にしていきたい。そして、いつか再びこの地を訪れる日がくることを心待ちにしている。

本文の結びに当たり、研究上たいへんお世話になったマサイアス、ハイフィールド両先生、モーガン博士、滞英中私を快くそのお宅に迎えて下さったホール大佐ご一家をはじめとする多くの方々、オックスフォード大学の友人たち、平原、山崎両駐英大使をはじめとする大使館の方々、二人の警護官をはじめ陰に陽にお世話になったすべての方々に、この場を借りてお礼を申し上げたい。

思い出というものは自分で作る部分も多かろうが、人に作ってもらう思い出も多いと思う。上記の方々の温かい心遣いがあってこそ、当地での私の滞在は実り多く思い出深いものとなったのはいうまでもない。

最後に、私に本書の執筆をお勧めいただき、貴重な青春の一ページを鮮明によみがえらせて下さった内藤頼博学習院長、早川東三学習院大学長に感謝の意を表し、あとがきにかえたい。

一九九二年　冬

徳仁親王

復刊に寄せて

『テムズとともに』が公刊されてから、今年で三十年が経つ。今、改めて本書をひもとくと、オックスフォード大学で過ごした二年間の様々な出来事がありありと、また、無性に懐かしく思い出される。

本書は、二十代の私が、オックスフォード大学留学中の二年間に、見たり、聞いたり、また体験したりしたことを書き綴った、私にとっての青春の記録である。この本を通して、私のオックスフォード時代の生活についてご理解いただければ幸いに思う。それとともに、より多くの方が、イギリスや諸外国について関心を持たれることを願っている。

現在のコロナ禍にあっては、海外との行き来が一時より状況は改善したものの、私が留学していた四十年前に比べて難しくなっているように思われる。日本から海外へ留学したい、あるいは、海外から日本に来て勉強したいと思いながら、それを実現することがなかなかできずに、つらい思いをしている人々もいると聞く。

一方、インターネットの普及など情報通信技術の発達によって、私たちは、日本にいながらにして、世界の様々なことを詳細に、しかも、瞬時に知ることができるようになった。それは、素晴らしいことだと思う。それでもなお、私自身の経験からは、実際にその国に行き、自分自身で様々なものを見て、そこに暮らす人々に会い、色々な経験をすることによって、テレビやインターネットでは知り得ない数々の事に触れることができるように思う。また、本書でも述べたが、一つの国に一定の期間滞在することは、日本の外に出て日本を見つめ直すまたとない機会になると思う。この本によって、海外へ行ってみたい、あるいは、海外へ留学してみたいと思う人が一人でも増えれば、それは、私にとって大きな喜びである。そして、国を越えた一人一人の結びつきは、やがて、国と国や世界中の人々との良い関係を紡ぎ出すものに発展していくものと思う。

今、私の『テムズとともに』の日々を振り返ってみると、そこには多くの方々の温かい支えがあったことに改めて気付かされる。その中には、この四十年で、御礼をお伝えしたくてもお伝えできなくなってしまった方々もおられる。留学中の駐英日本大使でいらっしゃった平原・山崎両大使、オックスフォード入学前の私をご家庭に快く迎え入れていただいたホール大佐ご夫妻、オックスフォードでご指導いただき、温かく見守っていただいた、レックス・リチャーズマートンコレッジ学長やジョン・ロバーツ学長、マサイアス、ハイフィールド両先生、ストーリー夫人。イギリス滞在中の警備にあたっていただいたロジャー・ベーコン氏。

そして、昨年九月には、オックスフォード滞在中のみならず、その後の訪英の折にもウィンザー城に泊めていただくなど、常に温かいお心遣いをお示し下さったエリザベス女王陛下と、その前年にはご夫君のエディンバラ公フィリップ殿下も亡くなられた。雅子と私は、ロンドンを訪れ、女王陛下の国葬に参列させていただいたが、七十年にわたり、イギリスと英連邦の人々のために尽くされた女王陛下をお送りするのにふさわしい、威厳と格式のあるお別れの儀式であった。御葬儀が終わりに近づき、女王陛下の柩《ひつぎ》をお見送りする私たちの耳にGod Save the Kingの英国国歌が入ってきた。留学中に聞き慣れたGod Save the Queenではない新しい国歌を聞きながら、私は、思い出の詰まった『テムズとともに』の章が静かに閉じられ、新しい『テムズとともに』のページが開かれるような思いに駆られ、しばし、深い感慨に浸った。

『テムズとともに』復刊の機会に、改めて、私のオックスフォード留学に当たりお世話になった全ての方々に心から御礼を申し上げるとともに、亡くなられた方々のご冥福を心からお祈りしたい。

遠くない将来、同じオックスフォード大学で学んだ雅子とともに、イギリスの地を再び訪れることができることを願っている。

『テムズとともに』は、一九九三年に、学習院教養新書のうちの一冊として出版されたものである。今回、学習院創立百五十周年の記念事業の一環として、本書の復刊をご提案いただいた耀英《あかる》一学習院長をはじめとした学習院の関係の方々、出版にご尽力いただいた紀伊國屋書店の方々、挿絵を描いていただいた藪野《やぶの》健氏、装丁を担当していただいた鈴木成一氏に心からの謝意を表し、復刊への後書きにかえたい。

皇居吹上にて

徳仁

参考文献

- Christopher Hibbert (edited), *The Encyclopaedia of Oxford* (London: Macmillan, 1988)
- Michael Hall & Ernest Frankl, *Oxford* (Cambridge: Pevensey Press, 1981)
- Anthony F. Kersting & John Ashdown, *The Buildings of Oxford* (London: Batsford, 1980)
- V. H. H. Green, *A History of Oxford University* (London: Batsford, 1974)
- Christopher Brooke & Roger Highfield, *Oxford and Cambridge* (Cambridge: Cambridge University Press, 1988)
- Jennifer Sherwood & Nikolaus Pevsner, *Oxfordshire* (The Buildings of England) (London: Penguin, 1974)
- Howard Colvin, *Unbuilt Oxford* (New Haven: Yale University Press, 1983)
- Anton Gill, *How to be Oxbridge: A Bluffer's Handbook* (London: HarperCollins, 1985)
- Mari Prichard & Humphrey Carpenter, *A Thames Companion* (Oxford: Oxford University Press, 1981)
- John Gagg, *The Observer' s Book of Canals* (London: Frederick Warne, 1982)
- John Arlott, *The Oxford Companion to Sports and Games* (Oxford: Oxford University Press, 1975)
- Daniel Topolski, *Boat Race: the Oxford revival* (London: Collins, 1985)
- Malcolm D.Whitman, *Tennis: Origins and Mysteries* (New York: The Derrydale Press, 1932)

- 安東伸介・小池滋他編『イギリスの生活と文化事典』(研究社出版, 1982年)
- 鵜川馨『イギリス社会経済史の旅』(日本基督教団出版局, 1984年)
- 小池滋監修『イギリス』(新潮社, 1992年)
- 三笠宮寛仁『トモさんのえげれす留学』(文藝春秋, 1971年)
- ハロルド・C. ショーンバーグ『大作曲家の生涯』亀井旭・玉木裕訳(共同通信社, 1977～78年)

その他, マートン・コレッジのガイドブック, オックスフォードの博物館出版のガイドブック*The Story of Oxford* など。

本書は『テムズとともに――英国の二年間』（学習院、一九九三年）を底本とし、「復刊に寄せて」を追加した。

本文中の固有名詞・肩書等は、執筆当時のものである。

著者

徳仁親王　なるひとしんのう

一九六〇（昭和三五）年生まれ。一九八二（昭和五七）年、学習院大学大学院人文科学研究科博士前期課程入学。一九八三（昭和五八）年六月から一九八五（昭和六〇）年十月まで英国に滞在し、オックスフォード大学大学院に在学。一九八八（昭和六三）年、学習院大学大学院人文科学研究科博士前期課程修了。一九九一（平成三）年、オックスフォード大学名誉法学博士。二〇一九（令和元）年五月一日に第一二六代天皇に即位。著書に、講演集『水運史から世界の水へ』（NHK出版、二〇一九年）がある。

テムズとともに——英国《えいこく》の二年間《にねんかん》

二〇二三年四月二八日　第一刷発行
二〇二三年六月　二日　第二刷発行

著者　徳仁親王

発行所　株式会社紀伊國屋書店
東京都新宿区新宿三－一七－七
出版部（編集）電話〇三－六九一〇－〇五〇八
ホールセール部（営業）電話〇三－六九一〇－〇五一九
〒一五三－八五〇四　東京都目黒区下目黒三－七－一〇

装画　藪野健
ブックデザイン　鈴木成一デザイン室
校正協力　鷗来堂
地図協力　ワークスプレス
協力　宮内庁侍従職、学校法人学習院
本文組版　明昌堂
印刷・製本　シナノパブリッシングプレス

ISBN 978-4-314-01200-3 C0095 Printed in Japan

定価は外装に表示してあります